VIDA DE MILAGROS

Cuando la vida es más que una gran aventura

José Israel Flores

VIDA DE MILAGROS

Cuando la vida es más que una
gran aventura

www.vidademilagros.com
vidademilagros2018@gmail.com
Facebook: Vida de Milagros
703-402-1899

José Israel Flores
CreateSpace Independent Publishing Platform
Editor: Martín Balarezo García
martinbalarezogarcia@live.com

VIDA DE MILAGROS
Cuando la vida es más que una gran aventura

Cubierta: fotografía de José Israel Flores
por Carlos Israel Flores

Copia registrada © 2018 por
José Israel Flores
Derechos de autor reservados
Primera edición: Diciembre de 2018
Manassas, Virginia

Library of Congress Control Number:
2018914525
ISBN: 978-1-72971-007-4

Impreso en los Estados Unidos de América

Dedicatoria

Quiero dedicar este libro a mis padres, quienes ya han pasado al otro lado del velo, pero lo que hicieron y me enseñaron ha quedado grabado en lo más profundo de mi corazón.

A mi amada esposa, Demis, quien por 35 años ha estado conmigo en las buenas y en las malas, quien conoce mis debilidades y flaquezas, mis defectos y virtudes, quien siempre me ha demostrado un amor genuino y sincero, y que en los momentos más difíciles en sus manos estuvo de tomar la decisión sugerida por los doctores de dar el permiso de desconectar las máquinas que me mantenían vivo; sin embargo, su decisión no solo fue de mucho riesgo y valentía, sino también fue de una gran fe la cual superó sus temores.

A mis adorados hijos y nietos: Denise, Nefi, Cindy, Kimberly, Carlitos, Alex, Mary, Camilo, Aidan, Adita, Belen y Cristiano, quienes representan una perla de gran precio y a quienes amo incondicionalmente.

A mis queridos hermanos y hermanas Osmin (fallecido), Sebastián (fallecido), Marisela, Lito, Fernando, Suyapa, Manuel y Danny, quienes siempre me han apoyado en mis decisiones que a veces no han sido las mejores, habiendo encontrado en ellos una fuente de apoyo, comprensión e inspiración.

Agradecimientos

Quiero agradecer sinceramente a Dios, mi Padre Celestial, y a Su Hijo Jesucristo por el don y el milagro de mi vida y por haberme dado una segunda oportunidad.

A mi adorada esposa, hijos y nietos, quienes han hecho de mi vida la razón de existir, por inspirarme a vivir una vida más placentera y llena de esperanza y felicidad.

A mis padres, hermanos, familiares y amigos, quienes me han mostrado cariño, amor y lealtad aun en mis errores.

A mis hermanos y líderes de mi Iglesia SUD, quienes por más de 48 años han sido mi bastón e inspiración en todas mis actividades de servicio, las cuales han sido de gran bendición en mi vida terrenal.

Finalmente, a mi gran amigo Martín Balarezo García, a quien conozco por muchos años y admiro por su talento como escritor y quien nunca perdió la fe en mí de que un día sacaría esta obra y a quien le debo la edición de la misma.

Biografía de José Israel Flores

José Israel Flores, con nacionalidad de El Salvador y de Estados Unidos, vivió en Honduras desde 1960 a 1970. Efectuó sus estudios de secundaria en la ciudad de San Miguel, El Salvador, graduado en la especialidad de Mecánica Automotriz en 1978.

En 1980 fue llamado para servir como misionero de La Iglesia de Jesucristo de los Santos de los Últimos Días en la Misión Quetzaltenango, Guatemala, donde aprendió el Quiché y cuyo servicio finalizó en enero de 1982.

Al regresar de su misión siguió sus estudios universitarios en la Universidad de Oriente en la ciudad de San Miguel, en la especialidad de Idiomas, los cuales fueron interrumpidos por la situación política del país y por la decisión de contraer matrimonio con su esposa, Demis Sorto, en abril de 1984.

En ese mismo mes, él y su esposa decidieron viajar a los Estados Unidos para casarse por tiempo y eternidad en el Templo de Washington, D.C.

Mediante el asesoramiento legal de un buen abogado, ellos obtuvieron su tarjeta de residencia legal en 1989 y se convirtieron en ciudadanos estadounidenses en 1994.

José y Demis procrearon cinco hijos y actualmente tienen cuatro nietos.

Su interés por el campo de bienes raíces empezó cuando fue invitado a representar como agente de ventas a una de las más grandes compañías constructoras de ciudades en el estado de Florida, donde en 1986 fue promovido a ser gerente en la oficina de Falls Church, Virginia, y luego gerente senior de mercadeo de ventas.

En 1989 obtuvo su licencia de agente de ventas en bienes raíces para el estado de Virginia; desde entonces ha ejercido esta carrera con mucho éxito, siendo un reconocido Realtor en la comunidad. Con el tiempo ha obtenido las licencias para los estados de Utah y Florida. También ha obtenido licencias para representar a compañías de seguros de vida, salud, casas y autos para varios estados de la nación.

En la actualidad, José y Demis viven en la ciudad de Manassas, Virginia, en donde él sigue sirviendo como agente de bienes raíces y como agente de seguros.

En lo eclesiástico ha servido en su Iglesia como presidente de rama, obispo y actualmente está sirviendo como miembro del Sumo Consejo de la Estaca de Centreville, Virginia.

Índice

Prólogo

A lo largo de mi vida he conocido infinidad de personas a las cuales he creído conocer, pero una cosa es la que vemos con nuestros ojos carnales, y otra cosa es la que está dentro o detrás de la que hemos visto porque esta parte solamente podemos verla a través de la luz —que en verdad no vemos con los ojos naturales porque esta es la luz divina—, con la cual vemos las verdades que son reales. La gran mayoría de la humanidad solo habla de esta luz, pero no la usa; sin embargo, todo poder, facultad y capacidad dentro del mundo depende de ella, y de ella también nos viene la inteligencia y la sabiduría.

Debido a esto es que a través del tiempo empecé a darme cuenta de que no todo lo que a simple vista vemos puede ser real y verdadero, por lo tanto me propuse hacer claros discernimientos acerca de esto, y en base a ello siempre he dicho que vemos a las personas, pero eso no nos garantiza poder decir que realmente las conocemos, y ni siquiera lo hacemos a través de lo que el mundo dice para conocer a las personas: que no ha de ser solo porque las vemos sino que también ha de ser a través de la comunicación y el trato. Esta es una verdad del mundo, pero aún en esto hay campo para dudar en relación a la verdad real porque todo proviene de lo que está dentro de cada persona según su consciencia, pero a esta no se la podemos ver con los ojos naturales.

He traído a reflexión todo esto porque conocí a una persona en 1989, la cual llegó a ser mi líder inmediato cuando apenas me estaba iniciando como miembro del sacerdocio de La Iglesia de Jesucristo de los Santos de los Últimos Días.

A pesar del buen trato y comunicación que siempre estuvo presente entre nosotros —no solo como hermanos en la fe y el Evangelio, sino también como muy buenos amigos, amistad que siempre ha existido entre nosotros y aún en gran parte de su familia—, es ahora cuando estoy leyendo su obra, la cual tiene por nombre VIDA DE MILAGROS, cuando realmente lo estoy conociendo bien. Hoy para mí, después de conocer su verdadera historia, en un sentido él es para mí un sobreviviente, pero en otro sentido es un héroe porque he sabido todo lo que ha tenido que enfrentar. Según las adversidades del mundo y cómo ha sobrellevado las cosas a través del conocimiento de la fe verdadera, estoy seguro de que ha vivido momentos en los cuales él mismo no se daba cuenta de que estaba siendo guiado, cosa esta que sucede con muchos seres humanos, pero hoy estoy seguro de que está consciente del porqué de todo eso y aun de dónde viene. También sabe que cuando se está dentro del orden de lo que es correcto y verdadero, suceden algunas cosas que parecen ser para mal; no obstante, son para bien, y lo importante es que esta persona sigue ahí.

Los lectores de este libro recordarán que el nombre de este héroe es José Israel Flores, el cual ha sobrevivido a una serie de sucesos traumáticos que narra con detalles en este libro, el cual considero

ejemplar porque en todos los impresio-
nantes capítulos de su historia hay va-
liosas experiencias de vida que sorpren-
den, enseñan e inspiran.

Martiniano Colina Mora

Virginia, Noviembre de 2018

Introducción

Al principio era mi deseo escribir un libro basado en la historia de mi vida con el fin de dejar un legado de mi paso en esta vida a mis descendientes y para la posteridad; sin embargo, debido al milagro más grande de mi vida ocurrido en diciembre de 2012, y motivado por los doctores y las enfermeras que estuvieron muy cerca de mí en Cuidados Intensivos del Hospital Prince William en la ciudad de Manassas, Virginia, Estados Unidos, y debido a que soy sobreviviente de múltiples ataques cardiacos y neumonía, algo que no pasa todos los días, me animé a escribir esta obra, VIDA DE MILAGROS, y ponerla a disposición de todos los que quisieran saber cuán misericordioso ha sido Dios conmigo a través de toda mi existencia mortal. Y por qué no decirlo, los doctores no encontraron una mejor explicación de que fue un milagro divino de Navidad, como ellos mismos lo llamaron.

Al mismo tiempo espero, a través de mis experiencias y milagros, poder fortalecer y avivar el entendimiento del creyente y no creyente de que hay un Ser Supremo arriba en los cielos quien no deja desapercibido ni un pelo de nuestra cabeza y quien gobierna millones de galaxias en el universo; sin embargo, para Él somos la creación más importante.

Estoy más que seguro de que hay más de una persona de las que lean esta historia que han pasado por experiencias similares como las mías, y espero que este libro les corrobore como un testimonio más del que ustedes ya tienen de que cada persona nacida en esta tierra, y las que vendrán, sabrán con certeza que esta vida es más que una gran aventura, es el milagro de vivir y de sobrevivir en donde ni la ciencia, ni la medicina, ni la lógica ni la razón tienen una explicación.

Mis más sinceros deseos es que cada uno de ustedes logre a través de esta obra encontrar las razones para tener un corazón agradecido a Dios todopoderoso y Su Hijo Jesucristo por el don y el milagro de sus vidas, y más que todo por las segundas oportunidades que a muchos de nosotros nos ha dado para moldear mejor nuestras vidas.

Querido lector, sentí que debía escribir este libro para inspirarte a fortalecer tu fe en Dios, animar a tu alma y a tu corazón para que se convierta en tu motor para que explores los milagros ocurridos en tu propia vida, los cuales por alguna u otra razón los has dejado desapercibidos o quizá olvidados sin darles la importancia que se merecen.

José Israel Flores

Capítulo 1
La Guerra de las 100 Horas

Comenzaré mi historia cuando yo tenía apenas 10 años y estaba en cuarto año de mis estudios primarios. Para entonces, mi familia se componía de mi padre, mi madre y cinco hermanos y dos hermanas, y vivíamos en una colonia llamada El Porvenir, en Puerto Cortés, Honduras. Mi padre había llegado a ese país algunos años atrás y había adquirido por sus esfuerzos y trabajo arduo muchas propiedades. Sus negocios lo habían hecho prosperar y se sentía muy satisfecho de lo que hasta entonces había logrado; sin embargo, su satisfacción y alegría no duraría mucho más.

Era muy temprano en una mañana a mediados del año 1969 cuando oficiales del gobierno hondureño tocaron a nuestra puerta con una nota de autorización para desalojar a todos los salvadoreños del país. Se había desatado una guerra entre ambos países, la cual se conoce como "La Guerra de las 100 Horas" o "La Guerra del Fútbol".

No contaré en mi historia todo en detalle de lo que pasó durante esa guerra, pero sí hablaré de lo que a nosotros nos pasó.

Parecía que no había otra alternativa que subirnos a ese bus que nos conduciría a la frontera entre Honduras y El Salvador, dejando atrás todo lo que mis padres habían logrado por muchos años, y no solo eso, sino que también se quedaba atrás mi hermano segundo mayor quien apenas tendría sus 14 años y se encontraba cuidando nuestra finca de 100 hectáreas de tierra en una isla llamada Saraguaina. Dejábamos además a nuestros amigos y una tierra que por muchos años nos había dado la mano de prosperidad.

Aquí surge el primer milagro: recuerdo que mientras íbamos en el bus, el bus se detuvo en algún punto antes de llegar a la frontera, y vimos otros buses y camiones que también estaban llenos de familias salvadoreñas que venían de regreso. Para nuestra sorpresa, nos informaron que la situación en la frontera estaba muy peligrosa ya que ambos ejércitos estaban en plena guerra y que era muy arriesgado pasar en esas circunstancias, por lo que habían recibido órdenes de devolver a las familias a sus hogares, con la excepción de los hombres mayores quienes serían llevados a dos lugares como prisioneros, uno de ellos se encontraba en San Pedro Sula, una ciudad conocida como la capital industrial de Honduras, y el otro lugar estaba en Omoa, departamento de Puerto Cortés, que era un fuerte construido en la época de la colonia española conocido como el Castillo de Omoa.

Mi padre fue asignado para ser llevado al Castillo de Omoa, mientras que el resto de la familia fuimos enviados de regreso a nuestras casas, para supuestamente seguir nuestra vida cotidiana la cual a partir de ese día nunca sería la misma. Al siguiente día, nuestra tienda, la pulpería llamada Pulpería Suyapa (donde vendíamos productos básicos de primera necesidad, negocios que se conocen como pulperías en Honduras), fue saqueada, y no solo eso, sino que a lo largo de una de las paredes exteriores de la casa dejaron escrito con letras grandes rojas: «¡FUERA DE AQUÍ, PERROS SALVADOREÑOS!».

Las cosas se pusieron muy hostiles para todos los salvadoreños. Nosotros, los niños, en la escuela éramos humillados y despreciados; mientras tanto, mi padre se encontraba preso en el Castillo de Omoa por el único delito de ser salvadoreño, y mi madre y mis hermanos mayores estaban a cargo de los negocios, uno de ellos era un molino en donde se trillaba el arroz o, como decimos los salvadoreños, despajar o quitarle la cáscara al arroz. Todos los campesinos venían a nuestro lugar ya que no había otro molino similar en el área y toda la familia estaba involucrada en esta gran responsabilidad. Recuerdo que los más pequeños nos encargábamos cada sábado de llenar sacos de casulla o bagazo y la botábamos algo retirado, en un solar baldío, para luego ser quemada. Por este trabajo de todo el día mi papá nos pagaba 10 centavos de lempiras, lo que usábamos en la noche para ir a la casa de un vecino para ver los programas de esa época "Tierra de Gigantes", "Tarzán" o cualquier otro programa de niños, ya que a pesar de que mis padres tenían muchas posesiones materiales, para mi papá tener un televisor era asunto de vagancia, y su afán era el trabajo arduo y así nos lo enseñó. Cuando nos portábamos mal, o si nos íbamos sin su permiso para la casa del vecino a ver la televisión, ya sabíamos lo que nos esperaba, así que muy pocas veces nos arriesgábamos a desobedecer.

Aquí surge un segundo milagro: mientras mi padre se encontraba en el Castillo de Omoa, entre mi madre y mis hermanos nos turnábamos para irlo a ver cada día y le llevábamos comida. Resulta que uno de esos días mi madre y mi hermano menor se encontraban esperando el bus que los llevaría hasta el Castillo de Omoa para llevarle comida a mi padre. En lo que esperaban decidieron entrar a una pulpería a comprar un refresco, pero al salir, el bus ya los había dejado, así que se paró un Jeep que iba para ese rumbo, y quizá el hombre que conducía reconoció a mi madre, ya que era amigo de mi padre, y les ofreció llevarlos lo cual ellos aceptaron con mucho gusto. La noticia que se escuchó en los medios de comunicación fue que ese bus que llevaría a mi madre y a mi hermano a Omoa se había precipitado en un abismo muy conocido como la curva de la "S", una curva muy peligrosa, en donde murieron varias personas. Mi madre y mi hermano probablemente hubieran perecido si no fuera porque perdieron el bus.

Fueron quizá unos tres meses que mi papá estuvo encerrado, y me gustaría referirme a las cosas que mi padre nos contó de lo que estaba pasando allí adentro. Él nos dijo que cada día en la noche sacaban a un salvadoreño y lo que hacían era que lo mataban ya que nunca regresaba. Parece que les avisaban cuando le iba tocar a cada quien quizá para que se prepararan, pues el día que a mi padre le tocaría llegaron los representantes de la OEA, siglas de la Organización de Estados Americanos, quienes intervienen a favor de los derechos humanos. Quizá había llegado a sus oídos lo que estaba sucediendo y llegaron a ponerle paro con la advertencia de que si un salvadoreño más desaparecía serían responsables ante las Naciones Unidas. Fue de esta manera en que la vida de mi padre fue preservada y no hay duda de que fue por la misericordia de Dios.

Llegó el momento en que los salvadoreños serían liberados de sus prisiones y devueltos a sus familias, parecía que todo iba a estar bien. Sin embargo, no todo estuvo bien. Mientras mi padre estuvo en el Castillo de Omoa, en varias ocasiones llegaron a buscarlo algunos que supuestamente habían sido sus amigos, pero que ahora eran sus enemigos a causa de la guerra, y por supuesto sus intenciones eran eliminarlo.

Ante esta situación, mi madre y mi abuela, quien también vivía cerca de nosotros, le sugirieron a mi padre irse a San Pedro Sula en donde nadie lo conocía y nadie lo molestaría. Estuvo refugiado en la casa de una tía ya que su vida peligraba si regresaba a casa. Recuerdo que los fines de semana lo íbamos a visitar, era un trayecto de como unos 40 minutos en bus y él estuvo en la casa de mi tía por alrededor de un año, pero algo muy interesante pasó mientras se encontraba en San Pedro Sula que cambió la vida espiritual de la familia para siempre. A causa de todo lo que estaba pasando en la vida de mi padre, su corazón estaba sumiso y se dedicó a leer la Biblia, pues éramos católicos antes de la guerra. Recuerdo que cada año íbamos a misa para la Semana Santa, o mejor dicho el Viernes Santo. En esa época ese día era tan sagrado que no había ningún transporte público que nos llevara hasta Puerto Cortés, en donde estaba la iglesia, y hacíamos un recorrido a pie desde El Porvenir hasta la ciudad de Puerto Cortés ida y regreso. Esa semana era en verdad santa, no podíamos pelear, no comíamos carne, no podíamos escupir en el suelo y ni decir malas palabras, en verdad teníamos que ser verdaderamente santos como la semana, claro que para nosotros la esperábamos con ansiedad porque era una de las dos ocasiones en donde mi padre nos compraba ropa nueva y después de la misa nos íbamos a tomar un licuado donde mi madrina Tula, y luego emprendíamos de nuevo el regreso a casa a pie.

Aconteció que mientras mi padre se

encontraba leyendo la Biblia en la casa de mi tía, llegó una señora que le ayudaba a mi tía a costurar la ropa y le preguntó a mi padre a qué iglesia pertenecía, porque lo vio leyendo la Biblia, y le respondió que era católico, entonces la señora le dijo que ella pertenecía a La Iglesia de Jesucristo de los Santos de los Últimos Días, conocida como la Iglesia mormona por la creencia en el Libro Mormón, y que ella podía mandarle un par de misioneros que le enseñaran un poco más acerca de la Iglesia si él quería. Él aceptó la invitación, y como resultado de esas lecciones misionales tomó la decisión de unirse a la Iglesia por medio del bautismo, y fue así que en diciembre de 1969 mi padre se unió a La Iglesia de Jesucristo de los Santos de los Últimos Días.

Como era de esperarse, mi padre le pidió a los misioneros que visitaran a mi madre y sus hijos para darnos a nosotros las lecciones que para entonces le parecieron muy buenas, y fue así que misioneros viajaban desde San Pedro Sula hasta Puerto Cortés cada semana hasta que el

13 de febrero de 1970 fuimos bautizados mi madre y la mayoría de nosotros, los hijos, con la excepción de mis dos hermanos mayores, quienes estaban a mando de los negocios de mi papá y no tuvieron tiempo de escuchar a los misioneros, al igual que mis hermanos menores que no tenían la edad suficiente para tomar esa responsabilidad, y tampoco mi hermano menor porque aún no había nacido. Éramos nueve hijos y eventualmente todos se unieron a la Iglesia con excepción de mi hermano mayor que no pudo tomar sobre sí esa responsabilidad por razones personales. Después de haber tenido esta hermosa experiencia, seis meses después nuestra vida cambió de rumbo.

El instante mágico

7 de enero de 2010 por Paulo Coelho

Es necesario correr riesgos. Sólo entendemos del todo el milagro de la vida cuando dejamos que suceda lo inesperado.

Todos los días Dios nos da, junto con el sol, un momento en el que es posible cambiar todo lo que nos hace infelices. Todos los días tratamos de fingir que no percibimos ese momento, que ese momento no existe, que hoy es igual que ayer y será igual que mañana.

Pero quien presta atención a su día, descubre el instante mágico.

Puede estar escondido en la hora en que metemos la llave en la puerta por la mañana, en el instante de silencio después del almuerzo, en las mil y una cosas que nos parecen iguales.

Ese momento existe: un momento en el que toda la fuerza de las estrellas pasa a través de nosotros y nos permite hacer milagros.

La felicidad es a veces una bendición, pero por lo general es una conquista. El instante mágico del día nos ayuda a cambiar, nos hace ir en busca de nuestros sueños. Vamos a sufrir, vamos a afrontar muchas desilusiones..., pero todo es pasajero, y no deja marcas. Y en el futuro podemos mirar hacia atrás con orgullo y fe.

Pobre del que tiene miedo de correr riesgos. Porque ése quizá no se decepcione nunca, ni tenga desilusiones, ni sufra como los que persiguen un sueño.

Pero al mirar atrás -porque siempre miramos hacia atrás- oirá que el corazón le dice:

"¿Qué hiciste con los milagros que Dios sembró en tus días? ¿Qué hiciste con los talentos que tu Maestro te confió? Los enterraste en el fondo de una cueva, porque tenías miedo de perderlos.

Entonces, ésta es tu herencia: la certeza de que has desperdiciado tu vida".

Pobre de quien escucha estas palabras. Porque entonces creerá en milagros, pero los instantes mágicos de su vida ya habrán pasado.

en "A orillas del río Piedra me senté y lloré"

Aquí estoy a la edad de 10 años
en 1970.

Mis padres Antonio y Julia cuando
eran jóvenes, aproximadamente
en 1950.

Mis padres más adultos en 1981.

Capítulo 2
Camino hacia El Salvador

La situación estaba ya muy difícil para mi padre, las hostilidades eran muy intensas, y motivado por mi madre, mi abuela y mi hermana mayor tomó la decisión de partir hacia El Salvador con su familia. Fue una decisión muy difícil ya que eso representaba dejar abandonado casi todo lo que había logrado en muchos años ya que nadie quería comprarle las propiedades por ser salvadoreño, hasta que finalmente un amigo le ofreció comprar una de las propiedades por la que antes de la guerra le ofrecían 130 000 lempiras y la tuvo que vender por 15 000 lempiras, y esto era lo único que llevábamos para El Salvador. En cuanto a los terrenos en la isla, otro amigo le dijo que le diera las escrituras y que él se las iba a comprar, pero luego de que mi padre se las diera le dijo "Gracias, no te debo nada"…, básicamente se las quitó descaradamente.

En ese entonces también tres de mis tíos

hermanos de mi padre decidieron abandonar el país y partir hacia Belice, un país al norte de Guatemala, e invitaron a mi padre a que se fuera con ellos; sin embargo, mi padre les dijo que ya no quería vivir en un país que no fuera el suyo, y fue así que empezamos el viaje a mediados del año 1970, en el cual íbamos mi padre, mi madre y ocho hijos e hijas; bueno, en realidad íbamos once en total porque mi madre iba embarazada de mi hermanito menor.

Por alguna razón mi padre decidió llegar a El Salvador pasando por Guatemala, quizá le dijeron que le iba ser más fácil pasar la frontera ya que llevaba hijos salvadoreños e hijos hondureños. Recuerdo que nos alojamos en un motel en la ciudad conocida como Esquipulas, una ciudad muy visitada por muchos fieles católicos.

Para sorpresa de mi padre, cuando quiso pasar por la frontera entre Guatemala y El Salvador se le dijo que él, mi madre y los hijos salvadoreños podían pasar, pero que sus hijos hondureños no podían entrar porque no había relaciones entre ambos países y que tenía que tomar una decisión, por supuesto que jamás iba a mandar a sus hijos pequeños de regreso para Honduras, así que decidió esperar en Guatemala para ver si encontraba un medio de ingresar al país a todos sus hijos.

Resulta que un día llegó a sus oídos que había un camino rodeando la frontera en donde él podía pasar a sus hijos hondureños sin pasar por la aduana, y que este camino lo llevaría hasta adelante ya en El Salvador. Me imagino que con la desesperación que tenía de llegar a su país y comenzar una nueva vida hizo caso de esa recomendación y se lanzó a la aventura. Yo solamente recuerdo que nos bajamos del bus antes de llegar a la frontera y comenzamos a caminar y nos turnábamos para llevar a mi hermana menor en los hombros. Finalmente, habíamos llegado al otro lado de la frontera y ya estábamos en El Salvador, a la orilla de una carretera esperando que algún bus nos llevara hacia el interior del país. Nuestro destino era llegar a la ciudad de San Miguel, que es la tercera ciudad más importante del país y en donde vivía una media hermana de mi padre, pues mis padres eran originarios de un cantón llamado San Francisquito en el departamento de Morazán, a unos 30 kilómetros de San Miguel.

Aquí viene la sorpresa amarga: nos subimos a un bus que nos llevaría al interior del país, y cuando llegamos a la primera ciudad, que se conoce como Metapán, unos soldados pararon el bus, nos bajaron y nos devolvieron hacia la frontera, y a mi padre, por haber violado las leyes de El Salvador, lo pusieron una noche en bartolina, que es una cárcel no muy agradable, y luego nos devolvieron hacia Guatemala. Qué gran frustración ha de haber sido para una persona como mi padre que el único delito que había cometido era la de ser salvadoreño, y ahora lo único que quería hacer era llevar a su familia hacia el país que lo vio nacer, pero a causa de una guerra sin sentido estaba sufriendo inocentemente y sin culpa las decisiones equivocadas de dos gobiernos sin escrúpulos.

Mientras todavía nos encontrábamos en

Guatemala sin saber qué hacer, llegaron a los oídos de mi padre que había una ciudad fronteriza llamada San Cristóbal en donde estaban dejando pasar a los hijos hondureños, y como mi padre estaba desesperado decidió tomar el chance de ir y ver si era cierto y en verdad era cierto. Finalmente, lo dejaron pasar legalmente para respirar libremente el aire de su país y andar sin temor a ninguna represalia u odio alguno.

Nosotros resolvemos que es lo que las cosas serán para nosotros. Si quieres que el agua sea líquida, piénsala líquida, compórtate como si fuera líquida, bébela. Si quieres que sea aire, compórtate como si fuera aire, respírala.

Richard Bach

Capítulo 3
El establecimiento en la ciudad de San Miguel

El establecernos en la ciudad de San Miguel no fue nada fácil, para mi padre era simplemente comenzar de nuevo con una pequeña cantidad de lempiras que tenía que convertirlos en colones que en aquel entonces era la moneda salvadoreña. Hoy en día en El Salvador solamente circula el dólar, en aquella época el lempira era más poderoso que el colón así que se le hizo un poquito más. Esta ciudad se caracteriza por tener un buen movimiento comercial y por ser una ciudad sumamente calurosa, de tal manera que por lo general los niños y muchos adultos ni siquiera usábamos camisas, y las playas del Océano Pacífico solo quedan como a media hora de camino de la ciudad. Una vez al año se lleva a cabo el carnaval más famoso de Centroamérica llamado el Carnaval de San Miguel, donde orquestas musicales vienen de todas partes del país y algunas de otros países y se alojan a lo largo de toda la ciudad y la gente baila toda la noche.

Cuando llegamos, nos alojamos en uno de los cuartos que rentaban en el mesón en donde vivía mi tía; era un cuarto no muy grande, pero que tenía que alojar a 10 personas, es increíble pensar hoy día cómo pudimos vivir en un lugar tan pequeño tantas personas.

Recuerdo que en las noches lo que hacíamos era extender los petates en el suelo, estos eran hechos como de mescal y así dormíamos todos juntos uno tras otro. Una de las cosas que hicimos también al llegar fue buscar la iglesia a la cual nos habíamos unido en Honduras y la encontramos, solo había dos ramas muy pequeñas organizadas llamadas Rama Occidental y Rama Oriental, las cuales se reunían en locales alquilados. De acuerdo al lugar en donde estábamos viviendo comenzamos a asistir a la Rama Occidental, en la que había dos reuniones los domingos: una llamada Escuela Dominical en la mañana y la otra Reunión Sacramental en la noche. Durante la semana también había otras reuniones para las mujeres, los niños, los jóvenes y para los hombres del sacerdocio. Al principio mi padre comenzó a ir con toda la familia, pero al abrir el negocio él se rehusó a seguir yendo con la excusa de que los domingos era el mejor día en las ventas y que tenía que abrir a fin de recuperar un poco las pérdidas financieras en Honduras, de esa manera fue perdiendo la fe hasta que se convirtió en menos activo en la Iglesia; sin embargo, mi madre y yo y mis hermanos que habíamos sido bautizados continuamos yendo fielmente hasta la fecha, habiendo pasado 48 años desde que nos unimos a la Iglesia. Al pasar el tiempo, finalmente mi padre regresó a ser fiel nuevamente y puso su vida en orden antes de fallecer.

Mi tía tenía varios hijos, pero el más pequeño vendía periódicos en la mañana antes de la escuela y en la tarde después de la escuela. Como mi papá nos había acostumbrado a trabajar siempre desde pequeños, le pidió a mi primo que nos llevara a vender periódicos y así lo hicimos. Nos levantábamos como a las 4:00 de la mañana a recoger El Diario de Hoy y La Prensa Gráfica y salíamos corriendo a vender. Al terminar regresábamos a casa a darle el dinero a mi padre y luego nos íbamos para la escuela. En la tarde, después de la escuela, nos íbamos a recoger el diario El Mundo y hacíamos lo mismo. No recuerdo por cuánto tiempo hicimos esto, pero lo que sí recuerdo es que a algunos de nosotros nos asaltaron y nos quitaron los periódicos y el dinero que cargábamos, pero estas experiencias no nos desanimaban para nada.

Al poco tiempo mi padre logró encontrar una casa modesta para rentar en el centro de la ciudad a donde nos mudamos, y allí mismo pusimos nuestro primer negocio de ventas de artículos de primera necesidad al por mayor y al por menor. Mi padre le puso de nombre al negocio AGENCIA COMERCIAL GILMA, el cual es el primer nombre de pila de mi hermana menor. Es interesante que la pulpería o tienda que teníamos en Honduras llevaba el nombre del segundo nombre de mi hermana menor el cual es Suyapa, y

que también es el nombre nacional de la
Virgen en Honduras. Aunque comenzamos muy pequeño, poco a poco el negocio fue creciendo ya que éramos ocho hijos que le ayudábamos antes y después de
la escuela. Recuerdo que teníamos que
ser muy listos en observar a las personas
que llegaban a comprar, ya que en varias
ocasiones nos robaron mercadería.

Mi padre también decidió usar parte
del dinerito que trajo de Honduras y se
compró dos solares baldíos como inver-
sión, y en 1976 se le presentó la oportunidad de comprar su primera casa muy
cerca de donde vivíamos. Era de una
señora que tenía varias propiedades y le
prometió que le vendería la casa, la cual
era bastante grande, por 35 000 colones;
mi padre le dijo que sí se la compraría,
pero que le diera una esperita ya que tenía
que vender los solares y sacar un préstamo con el banco.

Algo muy interesante pasó durante ese
tiempo, y es que llegó una persona de otra
ciudad a ofrecerle 40 000 colones a la señora por la casa y esta fue la respuesta de

la señora: «Yo le prometí a don Toño (porque este era el nombre diminutivo de mi padre) que le iba a vender la propiedad por 35 000 colones, y lo voy a hacer porque mi palabra vale más que 5000 colones más». Y fue así como esta señora cumplió su palabra; en realidad, personas de este calibre ya no quedan muchas en este mundo. Después llegó el momento de la compra y luego el de la mudanza. Esta casa representó para nosotros una gran cosa, en ella terminamos de crecer y nos sirvió para refugio y negocio al mismo tiempo. Un tiempo más tarde mi padre compró las primeras 10 hectáreas para cultivar sandía, melón, maíz, etc., ya que a él le gustaba mucho la agricultura. En Honduras adquirió muchas manzanas de tierra, en donde tenía ganado y, por cierto, antes de mudarnos a la colonia El Porvenir vivíamos en un lugar muy cerca de la playa en donde hubo personas que por envidia comenzaron a matarle el ganado; al principio se lograba rescatar la carne, pero después hasta le ponían veneno para que no lográramos ni siquiera la carne, y esto fue lo que lo hizo vender esas propiedades y mudarnos a la colonia El Porvenir. En San Miguel los terrenos estaban en un lugar llamado El Zapotal, el cual quedaba a unos 30 minutos de la ciudad, y fue así como mi padre volvió otra vez a involucrarse a trabajar la agricultura y a comprar otra vez ganado, y siguió comprando más terrenos para cultivar, así que con el tiempo él dedicó más sus esfuerzos en el campo mientras que nosotros y mi madre manejábamos el negocio en la ciudad.

Algunas de nuestras responsabilidades eran manejar los camiones, repartir mercadería a las tiendas de los pueblos y empacar azúcar, arroz y frijoles en bolsas de una libra pues teníamos la maquinaria para hacerlo. Algunas veces escaseaba el azúcar en el país, así que cada negocio tenía su semana que le vendría el pedido. Cuando nos tocaba a nosotros, que por lo general eran 100 quintales de azúcar, no importaba a la hora que viniera, a veces venía a las 12:00 de la noche, otras veces a las 2:00 de la mañana, pues a esa hora mi padre nos levantaba para comenzar a embolsar el producto, ya que por lo general la gente sabía dónde había azúcar, y temprano en la mañana ya estaba la fila de gente esperando comprar; era increíble, pero casi siempre esos 100 quintales se vendían el mismo día.

A causa del negocio, mis hermanos y yo estudiamos la escuela intermedia por las noches mientras trabajábamos durante el día; sin embargo, cuando llegó el momento de comenzar mi escuela secundaria, asistí a unos cursos especiales para ayudarme a pasar los exámenes de ingreso a la secundaria, pues tenía un amigo que era mucho más inteligente que yo, y en una conversación que tuvimos me dijo que por qué no estudiábamos la escuela secundaria industrial en la especialidad de Mecánica Automotriz, porque me dijo que podríamos inventar un carro y así nos volveríamos ricos y famosos. En verdad me gustó la idea y fue así que me fui y le dije a mi padre que yo quería estudiar una carrera que no la ofrecían en la noche, sino únicamente en el día, por lo que pedía su permiso para hacerlo. En realidad, no sé cómo fue que obtuve su permiso ya que en la mente de mi padre el estudiar no era tan importante como el de trabajar, pero cedió en que lo hiciera. Cuando llegó el momento de someternos a los exámenes, generalmente uno tomaba dos opciones por si acaso no pasara el que más le gustaba; yo me registré para Mecánica Automotriz y Administración de Empresas, y mi amigo tomó Mecánica Automotriz y Matemática. Qué tal sorpresa cuando yo pasé únicamente el de Mecánica Automotriz y mi amigo no pasó ninguno, lo cual significó separarnos. Él se fue a un colegio privado a estudiar Matemática, y definitivamente nuestros sueños se esfumaron ya que en mi caso no me interesaba mucho la carrera de Mecánica Automotriz, pero como pasé el examen no me quedó de otra que continuar ya que al mismo tiempo en mi mente pensaba que ya que había obtenido el permiso de mi padre tenía que aprovechar y así no trabajaría tanto. Yo solo tenía como 15 años, había pasado ya cinco años desde que salimos de Honduras y las cosas se miraban muy prósperas de nuevo para mi padre, por supuesto con la ayuda de todos sus hijos.

Llegó el momento de la graduación de la secundaria, yo me había hecho de muy buenos amigos, incluyendo mi mejor amigo con quien fui compañero en la escuela intermedia de noche, y se sorprendió al verme el primer día de clase ya que él sabía que yo nunca mencioné antes mi interés en la mecánica; sin embargo, él desde la edad de 7 años ya trabajaba como mecánico y tenía mucho conocimiento, así que él llegó a ser mi salvación cuando tenía la clase y exámenes de taller, y me ayudó muchísimo, aunque también nos equivocamos en varias ocasiones cuando mi padre nos dio sus vehículos y camiones para hacerles algunas reparaciones; sin embargo, la mayoría de veces lo hicimos bien.

Hubo algo muy lamentable que sucedió y que jamás se me ha olvidado y que impactó muchísimo mi espíritu, y es que

mientras estábamos en los exámenes fina-
les, algo terrible le pasó a mi amigo, el
que tuvo que irse a estudiar a un colegio
privado por no pasar el examen y con
quien había planeado asociarme para inventar un carro y hacernos famosos. En
su colegio se graduaron unas semanas antes que nosotros, pero lo que sucedió es
que el día de su graduación él y sus amigos se fueron a recoger a su hermano,
quien venía de Honduras para su graduación, y cuando venían de regreso el automóvil en que viajaban se fue al fondo
desde un puente, accidente donde mi
amigo se rompió la columna vertebral y
solo duró tres días hasta que falleció.
Cuando yo me dirigía para mis exámenes
y pasé por su casa me di cuenta de que
había un ataúd y algunas personas; yo no
sabía que había fallecido, y cuando lo vi
me impacté demasiado y no lo podía creer.
Aquel joven lleno de vida que pocos años
atrás me había propuesto ser mi socio e
inventar un carro y hacernos ricos y famosos, ahora se encontraba en un ataúd

muerto, en donde todos sus sueños e idea-
les habían terminado. Yo pensaba que no
era justo que una persona tan joven tenía
que partir de este mundo así de repente;
sin embargo, con el tiempo me he dado
cuenta de que todos tenemos señalado el
día en que partiremos de este mundo y
que solo Dios sabe las razones por las que
se lleva a niños y jóvenes a Su seno; lo
que nos queda es aceptar Su santa voluntad.

Me gradué de la secundaria en 1978,
aunque no sabía si algún día trabajaría de
lo que había estudiado ya que no me gustaba ensuciarme y me gustaban mucho
los negocios. Creo que hubo un propósito
por lo que yo tenía que estudiar lo que
estudié.

Y tomando los cinco panes y los dos pescados,
mirando al cielo, los bendijo, y los partió y dio
a sus discípulos para que los pusiesen delante
de la gente.
Y comieron todos y se saciaron; y recogieron lo
que les sobró, doce cestas de lo que sobró.

Lucas 17:20

Capítulo 4
Viaje hacia los Estados Unidos

Al graduarme de la secundaria yo no tenía muy definido en cuanto a lo que quería hacer, pues en la Iglesia los jóvenes varones normalmente salían a servir una misión para Dios a la edad de 18 años. Yo sentía un deseo ferviente de salir y servir, pero me enfrentaba con dos obstáculos. Uno era la oposición de mi padre que no estaba de acuerdo porque, tal como mencioné, él no estaba fiel en la Iglesia por lo que la espiritualidad no estaba en él para apoyarme en tal decisión, pues él quería que siguiera estudiando o me fuera a los Estados Unidos a trabajar. El otro obstáculo era lo económico, ya que a pesar de que la Iglesia contaba con fondos misionales para ayudar a los jóvenes de escasos recursos, siempre la familia o el joven tenía que colaborar con una parte, y aunque mi madre quería ayudarme parecía que los negocios no estaban dando mucho como para que ella se comprometiera con una cuota.

En una ocasión llegó un primo a la casa y le dijo a mi mamá que iba para los Estados Unidos, así que mi mamá le preguntó si podía llevarme a mí, el cual le respondió que no había problema y fue así como se planeó el viaje por tierra, y si no me equivoco eso fue alrededor de noviembre o diciembre de 1978. Era la primera vez en toda mi vida que me iba a separar de mi familia y, más que nada, tomar una aventura de tal magnitud no era nada fácil para mí; sin embargo, mis deseos eran ayudar a mis padres y ahorrar algún dinero para que yo pudiera cumplir mis deseos de servirle al Señor en una misión de tiempo completo.

Fue así como primero obtuvimos una visa para México y emprendimos el viaje por tierra en autobús. Éramos 10 personas las que íbamos en total, pasamos primero por Guatemala y luego pasamos la frontera de México, pero la situación era que nuestra visa solamente se limitaba hasta el Distrito Federal, o sea la capital, pues esa visa no nos servía para viajar más hacia el norte, así que mi primo se las arregló para ir pasando cada una de las casetas. Recuerdo que pasamos por varias ciudades como Arriaga, Tampico y Veracruz hasta que llegamos a una ciudad llamada Nuevo Laredo que está frontera con los Estados Unidos por el lado de Texas, supuestamente nuestro destino era llegar a San Antonio, Texas. En Nuevo Laredo nos alojamos en un motel a esperar a la persona que nos conduciría hasta San Antonio, así que pasaron varios días y esa persona no aparecía. Mi primo ya estaba preocupado porque se nos estaba terminando el dinero y no podíamos seguir esperando. Al final nunca apareció y mi primo no tuvo otra alternativa que contratar a alguien que nos pasara el río, y fue así que cruzamos el río Grande en unos neumáticos.

Al estar en el lado de los Estados Unidos comenzamos a caminar por unos montes durante tres días. La comida se había agotado y el frío era intenso durante las noches. Jamás en mi vida había sentido tanto frío que sentía un gran dolor en los pies del gran frío, pues no andábamos más que con una sábana delgada para arroparnos y todos nos arropábamos con la misma sábana. Mi primo finalmente tuvo que reconocer que estábamos perdidos. En las noches mirábamos luces a lo lejos, como si fuera alguna ciudad a la que nos estábamos acercando, pero sin llegar jamás a ella. En mis oraciones a mi Dios comencé a rogar que los agentes de migración nos agarraran porque ya me sentía muy desesperado y cansado, y creo que quizá en la mente de la mayoría había ese mismo deseo, así que, mientras seguíamos caminando, a pleno mediodía y por el cruce de un camino llegaron unos carros con agentes de la frontera, y aunque quisimos correr y escondernos fue inútil y fuimos llevados inmediatamente a la cárcel migratoria de Laredo, ciudad estadounidense que colinda con Nuevo Laredo, en donde se nos dio de comer y nos bañamos, luego nos interrogaron. Ocho de nosotros todavía andábamos con los pasaportes visados por la embajada

Mexicana, pero a mi primo y a alguien más se les habían perdido, de modo que a ellos los mandaron directamente hacia El Salvador y a nosotros nos entregaron a las autoridades mexicanas porque habíamos violados sus leyes, de modo que los mexicanos nos pusieron en una cárcel de criminales llamada la Cárcel de la Loma en Nuevo Laredo, y si más no recuerdo estuvimos allí entre 10 y 15 días durmiendo en los pasillos por no haber celdas disponibles y comiendo una comida muy fea. Yo no sé cuántas libras habíamos rebajado en esos días desde que emprendimos ese viaje, pero todos estábamos más flacos sin ponernos a dieta. Finalmente, nos trasladaron al distrito federal en donde esa sí era una cárcel para extranjeros con mayor comodidad y mejor comida y ambiente. Recuerdo que se acercaban los días de la Navidad y una de las cosas que les oía decir a los agentes que trabajaban allí era que quizá pasaríamos la Navidad encerrados, mientras tanto nuestras familias en El Salvador no sabían nada de nosotros, aunque salimos en los periódicos mexicanos.

Por fin se nos notificó que seríamos llevados en bus hasta la frontera guatemalteca y así lo hicieron, el problema era que nadie andaba dinero para pagar el pasaje de allí hasta nuestro destino en El Salvador; fue entonces que me acordé de que yo andaba unos botines y adentro del forro mi mamá me había recomendado poner 80 dólares muy bien escondidos, de manera que no pudieran encontrarlos. Esos 80 dólares nos sirvieron a todos para llegar a nuestras casas; por cierto, que de los siete que ayudé económicamente solo una persona regresó después a mi casa para agradecerme y nos trajo unas gallinas muy hermosas, eso me hizo recordar la parábola del Señor acerca de los diez leprosos que fueron curados, pero solo uno regresó a dar gracias.

Yo no podía creer que ya había llegado a mi ciudad y al tocar la puerta de mi casa en realidad no recuerdo quién abrió, lo único que recuerdo es que encontré a mi madre enferma postrada en cama y muy preocupada al no saber de mí. Yo solo le dije que lo sentía, que no la pudimos hacer y que me sentía mal que ahora ella estuviera aún más endeudada por mi causa. Esa misma noche yo le propuse que me permitiera manejar el negocio por el espacio de un año y le prometí que le sacaría las deudas y aun habría ganancias con la condición de que me apoyara para que yo pudiera ir a servir mi misión al Señor. Ella muy gustosamente accedió y comencé a trabajar muy fuerte de manera que al año mi madre ya no tenía deudas y aun había 10 000 colones de ganancias, lo cual era muy satisfactorio.

Entonces Jesús, mirándolos, dijo: Para los
hombres es imposible, pero no para Dios,
porque todas las cosas son posibles para Dios.

Marcos 10:17

Capítulo 5
Mi llamamiento misional

Inmediatamente que se hizo el inventario y le entregué las cuentas satisfactorias a mi madre, le recordé el convenio que habíamos hecho, y reconoció que tenía que darme el apoyo financiero para que yo cumpliera con mi misión. Fue así que hablé con mi obispo y presidente del distrito para que ellos me consideraran digno de ser recomendado a la Primera Presidencia de la Iglesia, y así ser considerado por ellos para darme ese santo llamamiento de representar a Cristo y fuera donde ellos sintieran la inspiración de mandarme. Creo que los papeles salieron para Salt Lake City en octubre de 1979 y, mientras esperábamos el llamamiento, mi padre se la pasaba renegando, diciendo que no debería ir a perder mi tiempo y que había otras cosas más provechosas que yo podría hacer en esos dos años; sin embargo, sus persuasiones no hicieron que yo me retractara de lo que mi corazón y

mi espíritu querían hacer. Yo sentía verdaderamente que era un mandamiento de
Dios y que nada en este mundo iba a
impedir que yo hiciera lo que consideraba
ser una causa noble y justa. Casi habían
pasado tres meses desde que la aplicación
fue sometida pues yo ya estaba comenzando a desesperarme e inclusive a con-
siderar una de las propuestas que mi padre me había hecho, la cual era emigrar a
los Estados Unidos de una manera legal
por medio de un amigo quien vivía allá y
que me iba a dar todo el apoyo; sin embargo, cuando esa tentación estaba re-
voloteando en mi mente, llegó por fin el
llamamiento y lo primero que uno quiere
saber es a dónde va a ir. Con mi madre
abrimos el sobre y mi sorpresa fue que no
saldría del país, sino que serviría a mi
propia gente en El Salvador. Muy contento y animado me dirigí a mi padre y
extendí mi mano para entregarle el sobre;
me preguntó de qué se trataba esa carta, y
le respondí que era mi llamamiento misional. Agarró la carta y sin siquiera
abrirla me la tiró de regreso. Mi corazón

estaba muy ofendido; sin embargo, por no faltarle el respeto, di la vuelta y me fui a llorar a mi cuarto, luego mi madre, como siempre una mujer de verdad santa, me consoló y me dijo que no le hiciera caso, que yo ya sabía cómo era él y que se le pasaría.

De todas maneras, yo seguí con todos mis preparativos aun sin tener el apoyo de mi padre. Yo tenía que obtener la visa mexicana ya que tendría que ir a México por una semana para recibir el entrenamiento, lo que me preocupaba un poco porque cuando estuve preso en México las autoridades me advirtieron que por cinco años yo no podía solicitar otra visa para visitar el país porque me la negarían; sin embargo, como siempre ha caracterizado mi manera de ser, positivo y decidido y con mucha fe apliqué para la visa, y como quizá la razón era meramente espiritual no hubo ningún problema en ser aprobada. El 21 enero de 1980 partí rumbo a México. Por lo general, cuando uno pertenece a un distrito, el presidente de misión de esa jurisdicción debía de apartarme, o sea darme la autoridad para representar al Señor durante esos dos años, pero como las cosas en El Salvador se estaban poniendo bastante difíciles políticamente, en el cual se estaba desatando una guerra civil, y a causa de unas bombas que fueron detonadas muy cerca de la casa de la misión en San Salvador, la Iglesia trasladó de inmediato al presidente de misión, el cual llevaba el apellido Flores, pero que era mexicano, de modo que yo y como seis otros misioneros salimos rumbo a México; yo no había sido apartado todavía.

Cuando llegamos a México, informé a los líderes que no habíamos sido apartados todavía, entonces tuve el privilegio de ser apartado por el Elder Richard Scott, quien para entonces era un Setenta y con el tiempo llegó a ser uno de los doce apóstoles del Señor Jesucristo. Esa semana de entrenamiento fue muy especial y aprendimos muchísimo, pero hubo un cambio para nosotros los salvadoreños, se nos informó que no iríamos a servir a El Salvador porque las cosas estaban muy difíciles y la Iglesia no quería arriesgar a sus misioneros, por lo tanto cerró la misión y sacó a todos los misioneros para otros países. A mí se me asignó a servir en la misión de Quetzaltenango, Guatemala. Es un lugar muy interesante ya que el clima es frío y yo solo llevaba ropa de verano, ya que en El Salvador el clima es templado, por lo que tuve que hacer ajustes al llegar a mi misión. Mi primera área se llamaba Huehuetenango, allí aprendí de mi compañero cómo ser un buen misionero, aunque solo estuve un mes con él ya que al mes recibí la noticia de los líderes de zona que tenía que ser trasladado a las montañas y que tendría que aprender el dialecto quiché, el cual es el que hablan los indígenas de esos lugares. No sé si recibí la noticia con mucha alegría o no, lo único que sabía es que esta iba a ser una experiencia muy interesante ya que en la escuela había estudiado inglés como segunda lengua. En verdad nunca aprendí a hablarlo y ahora con este dialecto tenía que depender muchísimo del don de lenguas.

El primer lugar de esa zona a la que fui asignado se llamaba Tierra Colorada y era una de las aldeas de un pueblo llamado Momostenango. Por cierto, era un lugar muy frío y no había ningún tipo de conveniencia; por ejemplo, no había electricidad ni agua potable, y los misioneros vivíamos en una casa muy humilde que la Iglesia rentaba que ni siquiera tenía pisos terminados, o sea que eran de tierra, y no había baños sanitarios ni mucho menos un baño privado. Mi primer compañero en ese lugar era un estadounidense llamado Elder Spark, a quien los indígenas le llamaban Elder Spook, que significa espanto. A cada misionero le ponían un sobrenombre en su propia lengua para ser más fácil para ellos recordarlo; a mí me decían Elder Cot'zij que significa Flores. El título de Elder todos los misioneros lo llevan ya que es una ordenación en el sacerdocio que en la Biblia, en la época de los apóstoles, eran conocidos como ancianos.

Recuerdo que llegué de noche a la zona y los líderes nos condujeron hasta la casa en donde viviría. Lo único que mi nuevo compañero hizo al llegar fue encender un candil para enseñarme dónde estaba mi cama y dónde poner mis maletas, luego nos fuimos a dormir.

Al siguiente día, la señora que nos hacía la comida y que al mismo tiempo era la dueña de la casa, nos dio los buenos días en quiché, el cual se dice saqarik. Ella y su familia vivían a la par de donde nosotros. Ella comenzó a hablar con mi compañero en quiché y yo estaba completamente perdido sin saber lo que estaban diciendo. A mi compañero ya solo le faltaban seis meses para terminar su misión, así que dominaba perfectamente el idioma. El primer desayuno que comí allí fueron espaguetis sancochados sin tener ninguna salsa; al principio solo miré a mi compañero como él le puso un poco de sal y los saboreó como algo muy exquisito. Yo no podía creer que eso fuera el desayuno, pero no me quedaba de otra que comerlos porque de lo contrario me quedaría sin comer.

Lo que hacíamos cada día de la semana era levantarnos a las 6:30 de la mañana, nos alistábamos, desayunábamos, estudiábamos dos horas el quiché, una hora nos dedicábamos a las lecciones misionales que compartíamos con la personas, y teníamos estudio personal de las escrituras; luego, como desde las 9:00 a.m. hasta las 10:00 p.m. salíamos a buscar personas que estuvieran dispuestas a escuchar nuestro mensaje, era bastante difícil porque la mayoría de personas nos miraban como si fuéramos extraterrestres y los niños se mofaban de nosotros, especialmente cuando nos escuchaban hablar con acento. Durante las primeras semanas, mi compañero daba todas las lecciones ya que yo estaba aprendiendo el idioma. Memoricé las seis o siete lecciones en español y también en quiché, ya que de vez en cuando encontrábamos personas que hablaban español.

Me tomó aproximadamente cuatro meses para hablar fluidamente el dialecto y entonces fui trasladado a otra aldea llamada Santa Ana. Allí tuve como compañero a un buen misionero de la ciudad de Guatemala llamado Elder Danilo Díaz, de quien, lamentablemente, supe que al poco tiempo de haber terminado su misión fue asaltado por unos ladrones para robarle el auto que andaba y lo asesinaron. Yo sentí mucho su muerte ya que tuvimos juntos muy buenas experiencias, y por supuesto me enseñó mucho acerca de la humildad. Ambos éramos los mayores ya que habíamos entrado al mismo tiempo. En esa área me quedé sirviendo por diez meses y tuve dos compañeros más: Elder César Morales, de la ciudad de Guatemala, de quien aprendí también muchísimo y que después de su misión, con el tiempo, fue llamado por la Iglesia para servir como presidente de esta misma misión; el otro compañero que tuve fue Elder Lefrant, del estado de Washington en Estados Unidos, a quien recibí muy nuevo y tuve que enseñarle el quiché completamente.

Durante mi tiempo en esta área serví como líder de distrito y como presidente de rama, sirviendo a los misioneros de otras aldeas y a los miembros del lugar. Además de dirigir reuniones cada domingo, enseñábamos a personas interesadas en ser miembros de la Iglesia, y asistíamos a noches de hogar cada lunes con miembros de la Iglesia. En las noches llevábamos en una mano nuestras lámparas Coleman para alumbrarnos y en la otra mano un palo para defendernos de los perros que siempre querían atacarnos cuando llegábamos a buscar a las personas. Aprendimos también a poner inyecciones ya que cuando alguien estaba enfermo por lo general tenían que llevarlo al pueblo para recibir atención médica, algunas veces nos iban a buscar para inyectar a alguien que necesitaba una inyección y nosotros lo hacíamos con gusto voluntariamente.

En la época que estuve en esta área, el gobierno del país lanzó una campaña para enseñar a todos a leer y a escribir y nosotros también enseñamos en la capilla a un grupo de miembros y no miembros quienes no hablaban, leían o escribían español. Estuvimos dando estas clases por varias semanas y varios aprendieron.

Uno de los acontecimientos que más me impactaron cuando servía en Santa Ana fue el servicio bautismal llevado a cabo en un día en que todos los misioneros de la zona estuvimos presentes. Fueron 25 personas que se bautizaron, de las cuales siete bautismos eran de mi compañero y yo, esto en verdad fue un milagro ya que la mayoría de los misioneros que terminaban sus misiones se iban a sus misiones habiendo logrado en toda su misión uno o dos bautismos y otros ninguno. La diferencia para mí era la actitud que estos misioneros tenían sobre la gente el área, etc. Yo entiendo que no era nada fácil servir en un lugar completamente aislado del mundo, y pasársela todo el día subiendo y bajando montañas, buscando personas a quién enseñar el Evangelio, sin tener ningún tipo de comodidad y con una gente tan humilde que teníamos que dar las lecciones dos o tres veces para que comprendieran y entendieran nuestro mensaje. Se requería una gran fe y un gran amor por la gente, y además un testimonio firme de la veracidad de lo que estábamos enseñando. Fue hermoso ver ese día a tanta gente vestida de blanco y algunos tuvieron que esperar a que unos fueran bautizados para ponerse la ropa mojada porque no alcanzaba la ropa blanca disponible. Esta experiencia me enseñó que para Dios no hay nada imposible y que las barreras la ponemos nosotros con nuestra actitud, falta de fe, desobediencia y falta de trabajo.

Una de las cosas que me gustó mientras servía en las montañas era la costumbre que tenían de bañarse dentro de una especie de horno que ellos llamaban tuj, era como baño sauna, y luego nos bañábamos con agua tibia, usualmente lo hacíamos unas dos veces por semana. Me encantaron también los tamalitos de maíz que los comíamos tostados con una salsa de tomate picante hecha por ellos. Llegué a querer muchísimo a esa gente de Santa Ana, que cuando pensaba en mi casa en El Salvador era solo un recuerdo ya que sentía que esta gente era mi familia porque en verdad era un pueblo muy puro de corazón, aunque los hombres, por lo general, tenían problemas de alcoholismo, pero muchos al convertirse al Evangelio lograban vencer esta debilidad mientras que a otros les costaba mucho.

Al finalizar los diez meses en este lugar,

los líderes ni me dieron tiempo de despedirme de los miembros, quizá porque iba a ser muy duro para mí y para ellos tener que decir adiós para que quizá nunca volvernos a ver jamás en esta vida, de manera que fui trasladado de la noche a la mañana a otro lugar llamado San Bartolo Aguas Calientes, llamado así porque había unos baños termales con azufre que salían de la montaña y el agua era bien caliente y saludable. A los misioneros nos gustaba ir a bañarnos allí por lo saludable que era y porque creíamos que al meter nuestra cara en el agua caliente las espinillas iban a desaparecer.

Mientras servíamos en San Bartolo, recuerdo que teníamos que cubrir una aldea muy lejana del pueblo. Si no me equivoco, teníamos que caminar alrededor de dos horas para llegar y dos horas para regresar, y esto lo hacíamos una vez por semana, o sea que dedicábamos un día completo para hacer proselitismo en ese lugar, pero algo muy interesante era que allí había una rama establecida y que yo consideré ese lugar una pequeña Sion, el cual según las escrituras significa los puros de corazón. Todos los miembros nos ayudaban y salían con nosotros a encontrar nuevos prospectos, todos asistían a las reuniones y todos cumplían con sus responsabilidades como familias e individuos y con sus obligaciones y deberes como miembros de la Iglesia. La capilla que tenían era muy hermosa, y la única carretera que se podía conducir en carro, a fin de que el presidente de distrito los visitara, la habían hecho ellos mismos. Trabajar entre esta gente fue lo más hermoso que podía pasarme a mí, aprendí mucho de ellos.

Quisiera referirme a una experiencia que jamás se me olvida, y es que en uno de esos días que visitamos Nimsituj, porque así se llamaba el lugar, a medio camino había una casa muy humilde, y sentí la impresión de que debíamos visitar a los que vivían allí. No tocábamos las puertas de la gente porque casi nunca los perros nos permitían acercarnos mucho, sino lo que hacíamos era gritar para saber si había alguien en casa. Para nuestra sorpresa, salió un señor de aproximadamente 82 años, quien muy amablemente nos hizo pasar. Su esposa, o sea su compañera de vida porque no eran casados, tenía 46 años, ambos fueron muy receptivos a lo que teníamos que decir y creyeron en el mensaje y decidieron unirse a la Iglesia; sin embargo, había un problema y era que para ser bautizados y confirmados los miembros de la Iglesia tenían que ser casados, así que nosotros fuimos con sus cédulas a la alcaldía de San Bartolo para hacer arreglos para su casamiento. El secretario que nos atendió, al ver la foto del candidato preguntó muy sorprendido: «¿Este viejito se va a casar?». Y le dijimos que así era y le explicamos las razones, de modo que se casaron y fueron bautizados en la Iglesia. Aquí puedo ver por medio de este ejemplo que no importa dónde puedan vivir las personas, podrían vivir en lo más remoto del mundo como esta pareja, pero Dios sabe dónde están y les manda a Sus mensajeros a su debido tiempo.

En San Bartolo solo estuve como tres o

cuatro meses y luego fui trasladado a mi última área llamada San Francisco El Alto. Era un lugar en donde vivían más personas ladinas, o sea que no eran indígenas porque estaban más cerca de la ciudad de Quetzaltenango. Este lugar era conocido por su gran mercado al aire libre que se llevaba a cabo cada viernes, en donde gente de todas partes venía a comprar y a vender de todo. Aquí, en San Francisco El Alto, había una rama establecida y bastante fuerte. En este lugar terminé mi misión habiéndome sentido muy regocijado por haberle dado a Dios mis mejores dos años de mi vida, haber ganado una gran experiencia que me serviría muchísimo en mi vida que estaba por venir. Tuve mi última entrevista con mi presidente de misión, el presidente Richard Allred, un hombre muy espiritual quien me trató como a un hijo. Uno de los últimos consejos que me dio es que tan pronto como pudiera buscara a la princesa que sería mi compañera eterna y comenzara mi propia familia. Me abrazó y lloramos juntos porque en verdad no sabía si algún día nos volveríamos a ver.

Cuando comencé mi misión, aun cuando ya tenía 20 años, todavía actuaba como un niño, pero al terminar mi misión a los 22 años regresé todo un hombre, con una madurez increíblemente grande y con una determinación de siempre dar lo mejor de mí en todo en la vida, y hacer lo mejor que pudiera en lo que vendría en el futuro, del cual no tenía ninguna idea.

Los milagros pueden ocurrir todos los días, en cada hora y en cada minuto de tu vida.

Deepak Chopra

Durante mi misión en Guatemala
en 1980.

Margarita dedicada al servicio de los
misioneros en 1980.

Capítulo 6
Regreso a El Salvador

Al llegar al aeropuerto, mi mamá y mi hermano mayor, Juan Edilberto, me fueron a encontrar. En verdad había sido como un sueño haber estado aislado de mi familia durante dos años completos, y volverlos a ver me hacía muy feliz. Me sentía privilegiado al haber concluido mi misión con honor, y el poder abrazar a mi familia era algo increíble. Yo creo que esa misma felicidad sentiremos una vez que regresemos a la divina presencia de nuestro Padre Celestial si terminamos nuestra misión terrenal con honor.

Después de haber estado tanto tiempo en tierra fría no me fue tan fácil acostumbrarme otra vez al calorcito de mi ciudad. En la estructura organizacional de la Iglesia se encuentran las estacas (que abarcan áreas geográficas que dependen de la población existente), y dentro de la estructura organizacional de las estacas se encuentran los barrios (que están formados por grandes grupos) y también las ramas (que están formadas por pequeños grupos). Los miembros de mi barrio me hicieron una pequeña bienvenida en donde tuve la oportunidad de hablar un poco de mis experiencias en mi misión y compartir mi testimonio en quiché.

Fui relevado como misionero de tiempo completo por mi presidente de estaca y al mismo tiempo se me dio un llamamiento como presidente del Quorum de los Setenta en la estaca y fui ordenado un Setenta. En esa época había esa ordenación en el sacerdocio a nivel de las estacas, hoy en día solo lo hay a nivel de región o general. Se me informó que yo estaría encargado de la obra misional en toda la zona oriental del país y que tenía que presidir un quorum de siete Setentas con quienes trabajaríamos juntos a fin de traer nuevos conversos a la Iglesia; para ello teníamos que viajar a otras ciudades y pueblos para capacitar a los misioneros de estaca ya que todavía no se había aprobado la apertura de una misión con misioneros de tiempo completo.

Si no me equivoco, el siguiente día después de haber regresado, mi madre me presentó a una chica que era su amiga y que tenía con su hermano un negocio de víveres. Lo que jamás pensé en ese momento es que esta linda joven llegaría a ser mi esposa y compañera por tiempo y para toda la eternidad, pues en primer lugar era muy devota católica y tenía sus raíces muy profundas; sin embargo, vemos que para Dios no hay nada imposible, ya que después de salir con ella y llevarla a algunas actividades de la iglesia, ella se interesó en investigar la Iglesia más a fondo. Los misioneros de tiempo completo ya habían llegado a San Miguel y yo la bauticé el 9 de julio de 1983 aun con la oposición de toda su familia. Vemos pues que nuestro amor era tan grande que ella decidió renunciar a su religión de la familia, y yo estuve dispuesto a aguantar los rechazos de su familia a causa de su nueva fe religiosa, a la cual yo había representado por dos años y traído a muchos nuevos conversos.

Desde que regresé de mi misión hasta

el día que fui relevado de mi llamamiento como presidente del Quorum de los Setenta, vimos cambiar las vidas de muchas familias e individuos. Al mismo tiempo, las hostilidades de la guerra civil en el país cada vez se hacían más intensas, había veces que la electricidad en la ciudad se iba hasta por dos semanas, pero los apagones de electricidad eran casi a diario. Los guerrilleros en varias ocasiones trataron de tomar la ciudad, y las balas volaban en el aire que a veces teníamos que meternos debajo de nuestras camas para no ser tocados por una bala perdida. El país vivía en un estado caótico, algunas veces amanecían los cuerpos de las personas sobre los cables de electricidad en las calles, había una inseguridad muy grande, la vida en realidad no valía nada, cada día morían muchas personas.

Una de mis responsabilidades en el negocio de mi papá era la de manejar un camión de 6 toneladas haciendo viajes de San Miguel a San Salvador y viceversa. En verdad mi vida corría peligro cada vez que tenía que hacer un viaje, ya que en la

carretera encontraba algunas veces soldados y otras veces guerrilleros, quienes
requerían los servicios del camión para
llevar tropas a diferentes lugares, lo cual
siempre pude esquivar de hacer por algunas estrategias que usé, pues era sumamente peligroso por las emboscadas, y
cuando eso sucedía casi nadie salía vivo.
En una ocasión pasé por un puente que en
la madrugada del siguiente día fue de-
tonado y destruido completamente. Los
guerrilleros destruyeron muchos puentes
del país con el propósito de debilitar la
economía del país. En otra ocasión los
guerrilleros me detuvieron cuando llevaba mi camión lleno de verduras para
San Miguel. Me desviaron hacia otro pue-
blito y así desviaron a todo camión que
llevara mercadería a la ciudad, porque lo
que querían lograr era debilitar la economía de la zona oriental del país; sin
embargo, como a medio día fueron recha-
zados por los militares y fue así que logramos llegar a nuestro destino.

Cada vez que iba de viaje, mi novia y
mi mamá quedaban muy preocupadas

porque les parecía que no volvería; sin embargo, yo no sé por qué, pero yo no tenía miedo y sentía una gran seguridad que Dios me protegería y que no me pasaría nada malo, ya sabía que Dios tenía muchas cosas para mí que hacer en el futuro, aunque no tenía idea a dónde.

Como en octubre de 1983 se me pidió en mi iglesia impartir unas clases relacionadas con el matrimonio eterno, porque en abril del siguiente año se abriría un nuevo templo de la Iglesia en la Ciudad de México, y el presidente de la estaca quería que muchas parejas estuvieran preparadas para asistir y ser casados para la eternidad, ya que de acuerdo a nuestras creencias solo en un templo que es dedicado se hacen ciertas ordenanzas que no se pueden realizar en ningún otro lugar.

Con mucho gusto acepté el llamamiento, pero al mismo tiempo vino a mi mente la idea e inspiración de proponerle a Demis matrimonio e incluirla a ella en la clase y así los dos también nos prepararíamos para asistir a esta excursión y ser casados por tiempo y para toda la eternidad.

Cuando se lo mencioné a ella, inicialmente habíamos hablado de hacerlo para octubre del próximo año, pero al saber de la ida al Templo a México pensé que para qué esperar tanto tiempo si podíamos hacerlo en abril. Ella gustosamente aceptó mi propuesta y ahora solo quedaba hacerlo formalmente, en donde los padres del novio van a la casa de la novia y piden su mano formalmente. Yo hablé con mi papá al respecto y como él nunca había hecho algo así antes, ya que mis hermanos mayores se habían acompañado únicamente, pues se sentía un poco nervioso sobre lo que debía decir en la reunión y estuvimos hablando al respecto. Fue así que el 21 de enero de 1984 planeamos ir a la casa de mi novia y hacerles la propuesta a sus padres. Con mi novia planeamos que yo llevaría las gaseosas o refrescos y ella prepararía los sándwiches o comida para hacerlo como una pequeña celebración; desafortunadamente, ese día la electricidad se había ido en la ciudad, pero eso no nos detuvo de nuestro proyecto que significaba mucho para mí y para Demis.

Al terminar de cenar, mi papá comenzó a hablar diciendo acerca de mis intenciones y que estábamos allí precisamente para pedir formalmente la mano de Demis o el permiso oficial de sus padres para que llegara a ser mi esposa. La respuesta de sus padres fue positiva y dijeron que ellos sabían que yo era un buen joven y que no miraban ningún inconveniente; sin embargo, al rato de estar conversando, su papá me llamó para hablar conmigo, lo cual lo hicimos en privado al fondo de la casa en donde solo él, yo y Demis estábamos presentes. Lo primero que dijo fue que aun cuando me conocía que era un buen joven de buena familia, él quería hacerme una petición, y era que nos casáramos en la Iglesia Católica a la cual pertenecía toda su familia; sin embargo, Demis y yo no éramos de la fe católica por lo que le tuve que decir que no era posible complacer su petición porque ella y yo pertenecíamos a otra fe religiosa, por lo que su reacción fue muy airosa y nos dijo que si no lo hacíamos que nadie de su familia iba a asistir a la boda y que no tendríamos su apoyo. A todo esto, Demis estaba llorando al ver que no nos poníamos de acuerdo, ya al final yo le dije a su papá que si ellos no nos apoyarían no había necesidad de hacer tanta pompa pues Demis y yo éramos mayores de edad y lo único que necesitábamos hacer era ir a la alcaldía y ser casados civilmente, y luego irnos para los Estados Unidos sin tener que hacer ninguna fiesta. Al mismo tiempo le dije que lo pensara porque nosotros no íbamos a ceder a su petición ya que no tenía ningún sentido para mí, y además sentía que estaría violando mis principios a los que desde mi niñez fueron bien infundidos y no quería sentirme como un traidor. No con eso quiero decir que la Iglesia Católica sea una mala iglesia, solo que yo no compartía sus creencias. Las cosas no salieron esa noche como pensamos ya que no nos pudimos poner de acuerdo; sin embargo, antes de irnos de su casa, yo le dije a Demis que no se preocupara, que seguiríamos con nuestro proyecto con o sin el apoyo de su familia la cual era muy grande. Mi esposa es la menor de 15 hijos y sus hermanos mayores también tenían mucha influencia sobre ella; sin embargo, no cedimos e inmediatamente mandamos a ordenar las invitaciones para la boda la cual la planeamos para realizarse el 7 de abril de 1984 en la Iglesia SUD en San Miguel, luego supuestamente iríamos a sellarnos para la eternidad en el Templo de México.

Llegó el día de nuestra boda, habíamos repartido muchas invitaciones a nuestra familia, amigos y miembros de nuestra iglesia, en verdad iba a ser una boda muy alegre, aunque todavía no estábamos seguros si la familia de ella asistiría, pero de todos modos les dimos las invitaciones como era nuestro deber. Mi mejor amigo de la secundaria, Amílcar, a quien yo había introducido en la Iglesia, nos dio alguna asesoría en cuanto a la vestimenta y nos ensayó en cuanto al baile que íbamos a bailar después de la ceremonia. Estaba un poco preocupado acerca de quién iría a casarnos a la capilla ya que la alcaldía estaría cerrada por ser el fin de semana de la Semana Santa; felizmente, yo tenía una amiga quien era mi dentista y ella era la esposa del alcalde de la ciudad, y me dijo que le pediría a su esposo que realizara la boda y esto me hizo sentir mejor. Otro amigo iba a tocar en el piano la música de la entrada de la novia a la capilla; mi mamá se ofreció para preparar una gran cantidad de sándwiches y proveer los refrescos; y contratamos los aparatos de sonido de la orquesta de Marito Rivera, quien había sido compañero de escuela de mi hermano menor. Había mucho calor, y yo vi que Demis venía felizmente acompañada de su padre para entregármela, y también me dio mucho gozo al ver a toda su familia venir a apoyarnos a pesar de que nosotros no complacimos sus deseos.

La boda dio inicio y el alcalde pronunció las palabras de la boda, firmamos los libros correspondientes y nos declaró marido y mujer hasta que la muerte nos separara. Después de las felicitaciones de una enorme cantidad de personas, ya que la capilla estuvo exageradamente llena de gente, pasamos a la cancha de básquetbol, la cual queda afuera de la iglesia, en donde nos reunimos todos para la fiesta y la celebración que no duró mucho tiempo ya que las cosas estaban muy peligrosas, pero hicimos nuestro baile, y en una de esas vueltas el enorme corbatín que andaba, y que se usaba en esa época, salió volando y al final no supimos a dónde fue a caer y quién se quedó con él. Bromeando con mi esposa, yo le dije que de repente las chicas que tenían interés en mí se pelearon por él y alguna de ellas seguramente lo ganó diciendo que «aunque sea con su corbatín me quedo». En una ocasión, una de esas chicas me dijo delante de mi esposa: «Por lo menos te llevaste mi apellido», ya que su apellido era igual que el de soltera de mi esposa. Además, algo muy interesante había estado pasando durante la fiesta. Como nosotros no tomamos ningún tipo de licor, nunca servimos estas bebidas en nuestras fiestas, pero aquellos que no pueden celebrar sin que haya bebidas alcohólicas, lo que hicieron fue que las dejaron en sus carros y por ratos salían a tomarse sus tragos. La cosa es que todos tuvimos un buen tiempo.

Mi esposa y yo estábamos empezando una nueva vida sin saber lo que el destino nos depararía. Después de un día tan agitado y caluroso quedamos exhaustos y cansados, y aunque mi esposa se vino a dormir a mi casa, yo me quedé dormido y ella se quedó en el cuarto con mi hermana menor, así que esa noche no hubo luna de miel como en la mayoría de los matrimonios.

No hay cuesta, por pedregosa que sea, que no puedan subirla dos juntos.

Henrik Johan Ibsen

Con mi esposa cuando estábamos
recién casados en 1984.

Con mi esposa en Antigua Guatemala
en octubre de 2018.

Con mi esposa en el Templo de
Quetzaltenango en octubre de 2018.

Con mi esposa en octubre de 2018.

Capítulo 7
Viaje hacia el Templo de Washington, D.C.

Después de nuestra boda, un día hablando con mi padre le pedí si podía rentarme uno de los locales comerciales de la casa para que yo pudiera comenzar mi propio negocio, pero me respondió que no porque la situación en el país estaba muy mal y que si pedía prestado dinero al banco tal vez no podría cumplir con las obligaciones, y que lo mejor que debería de hacer era irme para los Estados Unidos en donde había mayor oportunidad para mí y mi esposa. Al principio lo tomé a mal ya que pensé que él no quería ayudarme y no me gustó su propuesta ya que yo quería quedarme en San Miguel y seguir siendo útil en la Iglesia y comenzar mi nueva vida cerca de la familia; sin embargo, a medida que el tiempo ha pasado me he dado cuenta que de una manera u otra mi padre fue inspirado en su recomendación porque no había duda que mi vida estaría en peligro allá, y comenzar un nuevo negocio sin tener un capital no era fácil. Cuando le comenté a Demis lo que mi padre había recomendado, me dijo que ella tenía unos hermanos y sobrinos en el Norte de Virginia, en el área metropolitana de Washington, D.C. y que ellos nos podrían recibir, al mismo tiempo pensé que no era mala idea sellarnos en el Templo de Washington, D.C. en lugar de hacerlo en el Templo de México como originalmente lo habíamos planeado.

De modo que comenzamos a hacer gestiones para obtener una visa estadounidense y contratamos a una persona que nos recomendaron para que nos diera asesoría de cómo hacerlo. Después de tener todo listo hicimos el viaje a San Salvador vía taxi aéreo ya que el transporte terrestre era muy arriesgado. Llegamos muy de mañana a la embajada de los Estados Unidos, aparentemente con todo listo para demostrarle al cónsul que era elegible para una visa, por lo que explicamos las razones por la que estábamos viajando. La persona que nos atendió, después de revisar todos los documentos que presentamos, nos dijo que no éramos elegibles y nos rechazó la aplicación. Muy decepcionados nos fuimos al lugar donde nos habíamos alojado y le hablamos al señor que nos había asesorado, y nos recomendó que volviéramos el siguiente día muy temprano ya que en esa época no se hacía por cita, sino que uno podía ir todos los días a solicitar la visa si así lo quería y no había problema. En la noche nos arrodillamos con mi esposa con fervorosa oración a nuestro Padre Celestial, a quien le suplicamos que nos ayudara a obtener la visa el siguiente día si esa era Su voluntad, y le prometimos que en los Estados Unidos íbamos a servirle en lo que nos necesitara en Su Iglesia, pero que también aceptaríamos Su voluntad si es que teníamos que quedarnos en El Salvador.

Al siguiente día salimos como a las 5:00 de la mañana para la embajada a tratar una vez más. Esta vez nos recibió el vicecónsul personalmente y nos pidió nuevamente los documentos y, mientras estábamos en la ventanilla, la persona que nos había atendido el día anterior nos reconoció y se acercó y le dijo al vicecónsul que él nos había rechazado el día anterior, entonces en esos momentos como que el Espíritu Santo me inspiró a decir lo siguiente: «Sí señor, es cierto que ayer estuvimos aquí, pero hemos regresado porque creemos que sí calificamos para viajar a los Estados Unidos», y entonces el vicecónsul le pidió al otro señor que trajera los documentos que habíamos presentado. Cuando se fue por los documentos, una vez más sentí que debía agregar lo siguiente: «Yo solo quiero complacer a mi esposa, nos acabamos de casar y la quiero llevar de luna de miel», entonces el vicecónsul se sonrió y me dijo: «Nosotros también somos así en los Estados Unidos, siempre estamos complaciendo a nuestras esposas». Y cuando los documentos le fueron presentados, él nos pidió los pasaportes, los selló y nos dijo: «Vengan a las tres por sus visas». No lo podíamos creer. La otra sorpresa que recibimos fue que habíamos solicitado una visa solo por tres meses, y al ver los pasaportes la visa que recibimos era para cinco años.

Habíamos visto allí un milagro, no tuvimos ninguna duda de que el Señor de arriba nos estaba dando la oportunidad de viajar hacia los Estados Unidos, sellarnos en Su Santo Templo y comenzar una nueva vida entre nueva gente, lengua y cultura. Fue así que el 17 de abril, diez días después de nuestra boda civil, salimos hacia una tierra nueva, una tierra que se convertiría en nuestro país, nuestra nación y nuestro futuro. Aunque al principio pensamos quedarnos solo dos años, ahorrar un poco de dinero y luego regresar, han pasado ya 34 años desde ese viaje y aquí estamos todavía, y quién sabe si aquí moriremos ya que no nos queda la duda de que Dios inspiró a los que establecieron la constitución de este gran país y, aunque no todas las leyes son perfectas, es un país en donde la mayoría de las personas en todo el mundo anhela vivir por la libertad, seguridad y oportunidades que ofrece a quien quiere vivir una vida sana, libre, segura y saludable.

Al llegar fuimos muy bien recibidos por

mis cuñados y los sobrinos de mi esposa, todos querían llevarnos a sus humildes lugares donde vivían, pero mi cuñado Ariosto tenía un apartamento en la ciudad de Rosslyn, en el condado de Arlington en Virginia, en donde nos ofreció tenernos hasta que pudiéramos conseguir nuestro propio apartamento.

Esa misma semana, uno de los sobrinos de mi esposa, llamado Arístides, me consiguió mi primer trabajo como *busboy* en un restaurante llamado JJ Mellons ubicado en la Avenida Pennsylvania en Washington, D.C. Para mi sorpresa, el restaurante solo abría de lunes a viernes y yo tenía libre el sábado y domingo para dedicárselo a mi familia y a la Iglesia, esto es otro milagro porque por lo general los restaurantes abren todos los días de la semana, y cuando eres nuevo no hay manera para que te den el día domingo libre, este primer trabajo jamás lo voy a olvidar. Una de mis responsabilidades era limpiar las mesas, cambiarles el mantel y poner nuevos sets de cubiertos, y también asistir al mesero en lo que necesitara, tal como servir café y agua a los clientes. Cuán difícil era para mí al principio porque muchas veces, cuando me mandaban a hacer algo o cuando los clientes me pedían que les trajera una taza de café, no entendía nada, y cuán frustrante era para mí porque yo quería entender y hacer prontamente lo que me pedían y no saberlo era muy duro. A veces me iba a la cocina y hablaba con unos cocineros que hablaban español para que me ayudaran, y así fue cómo poco a poco me fui familiarizando con el vocabulario del restaurante. Como tomaba el metro cada día, yo compré un curso para aprender inglés llamado Cortina que me daba cada día más conocimiento del idioma. Creo que el haber aprendido el quiché en mi misión me ayudó muchísimo a aprender el inglés más rápido.

En nuestro primer domingo tomamos un taxi para la ciudad de Chevy Chase, Maryland, el cual nos cobró 20 dólares, una cantidad que para mí fue muy grande para esa época, pero con mucho anhelo queríamos encontrar la iglesia y adorar a nuestro Dios en Su día de reposo. Se nos había informado que había una rama hispana de la Iglesia, pero al llegar a la iglesia el presidente Molina nos informó que teníamos una rama más cerca de donde vivíamos llamada Bella Vista. Al siguiente domingo nos fueron a recoger para llevarnos a la iglesia y nos presentaron al presidente Carlos Gamarra, quien nos preparó para que el 12 de mayo de 1984 entráramos al Santo Templo y ser casados para toda la eternidad. A nuestro casamiento solo asistieron dos personas de la rama, quienes al mismo tiempo sirvieron como testigos, el hermano David Turman y Miguel Burgos. Estos dos hermanos actualmente han pasado al otro lado del velo, pero tenemos que agradecerles porque nos fueron de gran guía y ayuda en nuestros primeros años aquí en los Estados Unidos.

Antes de venirnos, mi mamá nos consiguió prestado dinero para nuestro viaje y esta deuda la pude pagar en alrededor de cuatro meses ya que yo trabajaba desde las 9:00 de la mañana hasta las 10:00 de la noche. Me imagino ahora cuán difícil debió haber sido para mi esposa pasar tanto tiempo encerrada en un apartamento, y es por eso que algunas veces la encontraba llorando y con la desesperación de regresar. Yo la consolaba y le decía que tuviera paciencia, que solo íbamos a estar dos años, ahorrar nuestro dinero para regresar a poner nuestro negocio. Después, ella consiguió un trabajo de medio tiempo en limpieza en la corte de Arlington, de esa manera por lo menos podía entretenerse un poco y aminorar la ansiedad de regresar. Mientras tanto, yo aprendía cada día más el inglés y me esforzaba por saber más de mi trabajo ya que lo que quería era ser un mesero. Yo le insistía a la dueña del restaurante que ya estaba preparado y que me entrenara; sin embargo, ella consideraba que yo no lo estaba y así pasaron los meses hasta que, finalmente, un día la señora me dijo que quería entrenarme y que quería darme la oportunidad. Yo siempre quise hacer las cosas correctas, había algo que no me hacía sentir tranquilo y era el hecho de tener que servirle a la gente bebidas alcohólicas, entonces un día le pedí a mi presidente de rama un consejo en cuanto a lo que debía hacer; él no me dijo que sí ni no, solo me pidió que orara y que yo tomara esa decisión de acuerdo a los dictados de mi conciencia. Finalmente, tomé la decisión de no tomar el trabajo, aunque había estado insistiendo por meses. Para mis jefes fue una sorpresa, pero mi conciencia no me ayudaba a tener que servir a las personas bebidas que yo mismo no bebería, y que al tener que servírselas me hacía sentir un hipócrita, de modo que preferí seguir trabajando como *busboy*.

Con el tiempo conseguí otro trabajo en otro restaurante en Tysons Corner, en un restaurante llamado American Café, ya que el restaurante JJ Mellons cerró sus puertas por motivos económicos. Una de las cosas muy interesantes fue que en el nuevo restaurante respetaron mis principios de no trabajar el domingo y solo trabajaba hasta el sábado, esto me hizo muy fuerte en mi convicción de honrar ese día como el día del Señor y dedicárselo enteramente a Él. Aunque reconozco que no cumplimos con la promesa que hicimos al consulado que regresaríamos prontamente, sabíamos que Dios nos quería aquí por alguna razón, y el hecho de tener una esposa e hijos por venir, quienes serían míos para toda una eternidad, llenaba mi alma de un inmenso gozo que no se puede describir.

Y Jesús enseñaba en una sinagoga en el día de reposo.

Y he aquí, había allí una mujer que tenía espíritu de enfermedad desde hacía dieciocho años, y andaba encorvada y en ninguna manera se podía enderezar.

Y cuando Jesús la vio, la llamó y le dijo: Mujer, quedas libre de tu enfermedad.

Y puso las manos sobre ella, y al instante ella se enderezó y glorificaba a Dios.

Y respondiendo el principal de la sinagoga, enojado de que Jesús hubiese curado en el día de reposo, dijo a la gente: Seis días hay en que es necesario trabajar; en estos, pues, venid y sed sanados, y no en el día de reposo.

Entonces el Señor le respondió y dijo: ¡Hipócrita! ¿No desata cada uno de vosotros su buey o su asno del pesebre y lo lleva a beber en el día de reposo?

Y a esta hija de Abraham, que Satanás había atado durante dieciocho años, ¿no se la debía desatar de esta ligadura en el día de reposo?

Y al decir él estas cosas, se avergonzaban todos sus adversarios; pero todo el pueblo se regocijaba de todas las cosas gloriosas que él hacía.

Lucas 13:10-17

Capítulo 8
Aplicación para la
Residencia Permanente

Algunas de las cosas que hice inmediatamente al llegar a los Estados Unidos fue la de tramitar mi licencia de manejar y solicitar mi número de seguridad social. Aunque no podíamos comprar un carro de inmediato, yo manejaba los carros de mi cuñado y concuñada. Mi esposa no podía manejar así que, con el tiempo, después de convencerla de que sí podía aprender, le pagué un par de horas de clase por un profesional y pasó el examen escrito y el práctico de una sola vez.

Una de las incertidumbres que pasaba por mi mente era el hecho de que así nos quedáramos dos años o más tiempo, nuestro permiso para estar aquí legalmente se vencía en seis meses, y después de ese tiempo quedaríamos completamente ilegales y yo no quería eso, de modo que convencí a mi esposa que viéramos a un abogado para consultarle qué era lo que necesitábamos hacer para obtener una residencia permanente en los Estados Unidos. Dije que convencí a mi esposa porque ella no estaba de acuerdo en que arregláramos documentos legales para quedarnos. Ella pensaba que teníamos que regresarnos a El Salvador en dos años y que no había necesidad de hacer ninguna gestión para la residencia permanente, mientras que yo pensaba en una seguridad legal por si al fin tomábamos la decisión de quedarnos y que, aunque decidiéramos regresar, la residencia permanente no estorbaría al obtenerla.

Fue así que por recomendación de un hermano de la Iglesia fuimos a ver a una abogada a Washington, D.C. con quien tendríamos una entrevista gratuita y averiguaríamos qué es lo que teníamos que hacer. Ella nos preguntó primero en qué trabajábamos, yo le dije que era *busboy* en un restaurante y ella me dijo que ese tipo de trabajo no calificaba para ser considerado especial o de necesidad; luego me preguntó acerca de lo que Demis hacía y le respondí que pasaba todos los días llorando porque quería regresar a su país; claro que era una broma, así que la abogada nos dijo que había una manera rápida de obtener la residencia permanente, y era que Demis trabajara con una familia que le diera el patrocinio, haciendo oficios de la casa o como niñera, y que como yo era su esposo automáticamente me cubriría a mí también. Entonces mencionó que ella podía conseguirnos una familia, que nos cobraría 2000 dólares por sus servicios, pero que había un requisito: que por dos años no deberíamos planear tener hijos hasta que los papeles salieran. Le dije que eso no podíamos hacerlo porque queríamos tener familia muy pronto y de hecho ya estábamos tratando, pero que por alguna razón ella no salía embarazada; sin embargo, con toda fe y confianza le dije que no había problemas con sus honorarios, pero que nos permitiera a nosotros encontrar a la familia que nos respaldaría, ella estuvo de acuerdo y el domingo hablamos con nuestro obispo en la iglesia, el hermano Ramón Álvarez, y le preguntamos si él conocía a alguna familia que podría estar dispuesta a emplearla en casa, lo cual nos dijo que iba a averiguar y que nos avisaría. Para nuestra sorpresa, rápidamente recibimos la llamada y nos dijo que había encontrado una familia que estaba necesitando de alguien para que les limpiara la casa, cocinara y cuidara de sus niños, que tenía una casa muy grande en McLean y que podían darnos dos cuartos para que viviéramos con ellos, que no pagaríamos renta y que Demis ganaría 35 dólares a la semana. Gustosamente aceptamos ya que todo lo que yo ganaba quedaría libre y estaríamos cómodos con esta familia. Inmediatamente hicimos los arreglos para mudarnos y, aunque ya habíamos alquilado un apartamento, mi hermano mayor Lito, quien entonces se había venido de Texas, vivía con nosotros y él quedó encargado de terminar el contrato de renta. Fue así que nos mudamos a la casa de la familia McNiven y contratamos a la abogada para que comenzara los trámites lo más pronto posible, antes de que se nos venciera el tiempo que nos habían dado para estar legalmente en el país. Le pagamos 100 dólares mensuales y todo comenzó a marchar. Estábamos muy contentos de que nuestras oraciones seguían siendo contestadas, que teníamos la esperanza de que en dos años seríamos residentes legales y que no teníamos que posponer el nacimiento de nuestra primera hija. Ocho meses de haber llegado a los Estados Unidos, finalmente Demis salió embarazada de nuestra primera hija, a quien llamamos Denise Abigail.

Nuestra alegría de obtener los papeles se vio frustrada por la noticia que recibimos de la familia McNiven después de estar trabajando para ellos un año: que el trabajo del señor McNiven lo estaba trasladando para California. Luego avisamos a la abogada de lo que estaba pasando, no estábamos muy felices de lo que estaba pasando porque la abogada nos explicó que si ellos se mudaban de estado ya no podían seguir ayudándonos con el patrocinio, a menos que nos mudáramos con ellos, pero esto no lo considerábamos como posibilidad ya que no queríamos irnos de aquí, entonces ella dijo que la otra opción era que encontráramos otra familia, pero que todo iba a comenzar de nuevo, que el año que había pasado quedaba perdido y que sus honorarios también subirían a 800 dólares más. En verdad estábamos muy desanimados y pensamos por un tiempo que quizá Dios quería que regresáramos a nuestro país. Yo ya no quería hacer nada, pasamos como tres meses sin buscar una nueva familia, hasta que un día, mientras meditaba acerca de nuestra situación, se me vino a la mente que en la vida nada se consigue fácilmente, y también se me vinieron a la mente dos versículos de escrituras de uno de los profetas de las antiguas Américas, llamado Lehi, quien hablándole a uno de sus hijos le dijo: «Porque es preciso que haya una oposición en todas las cosas. Pues de otro modo, mi primer hijo nacido en el desierto, no se podría llevar a efecto la rectitud ni la iniquidad, ni tampoco la santidad ni la miseria, ni el bien ni el mal. De modo que todas las cosas necesariamente serían un solo conjunto; por tanto, si fuese un solo cuerpo, habría de permanecer como muerto, no teniendo ni vida ni muerte, ni corrupción ni incorrupción, ni felicidad ni miseria, ni sensibilidad ni insensibilidad. Por lo tanto, tendría que haber sido creado en vano; de modo que no habría habido ningún objeto en su creación. Esto, pues, habría destruido la sabiduría de Dios y Sus eternos designios, y también el poder, la misericordia, y la justicia de Dios». (2 Nefi 2:11-12)

Estas palabras inspiradas me hicieron reflexionar y entonces, después de convencer a mi esposa una vez más que deberíamos seguir luchando por nuestra residencia legal, fuimos de nuevo a nuestro obispo Ramón Álvarez quien nos informó que él y su esposa necesitaban de ayuda en su casa y que emplearían a Demis para ello y que nos darían el patrocinio, esto nos daba un testimonio más de que jamás debemos darnos por vencidos cuando vemos los obstáculos que se nos presentan cuando queremos lograr algo que es justo y bueno para nosotros. Al mudarse la familia McNiven, nosotros teníamos que mudarnos también ya que venderían la casa, fue así que decidimos mudarnos a vivir a la casa de mi cuñado Mardoqueo y su esposa Gabriela, quienes vivían en la ciudad de Fairfax, Virginia. Ellos fueron muy amables con nosotros al ofrecernos vivienda por un módico precio, mi esposa les ayudaba en la casa lo mejor que ella podía, entonces nació nuestra primera hija el 7 de agosto de 1985. Estábamos muy felices de esta gran bendición de traer a este mundo un espíritu tan especial, quien sería y pertenecería a nosotros por toda la eternidad de acuerdo a los convenios que habíamos hecho en el templo y de acuerdo a nuestra fidelidad en obedecer todas las leyes y ordenanzas del Evangelio durante toda nuestra vida aquí en la tierra.

Al año de vivir con mi cuñado, decidimos rentar un apartamento y nos mudamos a la ciudad de Falls Church, Virginia, no sin antes haber dejado sembrada la semilla del Evangelio en el corazón de mi concuñada Gabriela, quien muy gustosamente aceptó entrar a las aguas bautismales aun en contra de la voluntad de su esposo, quien se fue de la casa por unos tres días en protesta por lo que ella había hecho; sin embargo, la convicción y conversión eran tan firmes que no le importaba perder a su esposo si eso le era requerido al abrazar el Evangelio restaurado en su vida. Desde entonces ella ha sido una miembro sumamente fiel a los convenios que hizo, a pesar de grandes desafíos que se le presentaron más adelante.

Mientras vivíamos en la ciudad de Falls Church, mi esposa salió embarazada otra vez y fue así que el 7 de marzo de 1987 nace nuestro hijo Nefi Josué, y esa misma noche llegó mi hermana Marisela de la ciudad de Houston, Texas, quien se mudó para estar cerca de nosotros, quienes vivíamos en el área metropolitana de Washington, D.C. Nuestro amigo Ernesto Ruiz nos hizo el favor de irse a encontrar con ella y la trajo para el hospital en donde nos encontrábamos celebrando el nacimiento de nuestro bebe, por lo que nos sentíamos muy agradecidos con Dios por haberlo enviado sano y salvo a este mundo. Ya teníamos la parejita, varón y hembra, y estábamos muy contentos, aunque por supuesto con más responsabilidades, pero eso ni siquiera nos preocupaba porque teníamos la confianza que Dios nos ayudaría a salir adelante porque estábamos dispuestos a hacer y obedecer Sus enseñanzas de la mejor manera posible.

En 1988 compramos nuestra primera casa, una townhouse en la ciudad de Centreville, era en verdad un sueño hecho realidad ya que nos considerábamos muy afortunados de poder comprar una casa en los Estados Unidos aun cuando todavía no teníamos todos los documentos en regla. Nuestra fe era grande y jamás pensamos que nos deportarían o algo así por lo que con la fe puesta en aquel que todo lo sabe tomamos la decisión de obtener nuestra vivienda que nos costó 125 000 dólares, ya que eso era lo más que calificábamos en esa época. Estábamos felices porque mi hermana Marisela y mi hermano Lito se irían a vivir con nosotros y nos ayudarían con el pago. Centreville les parecía a nuestros amigos que era bien lejos de Falls Church, y nos decían que por qué nos estábamos yendo tan lejos. En verdad, en esa época esta ciudad todavía estaba sin mucho desarrollo, pero a nosotros nos gustó porque mi esposa limpiaba una casa aquí y le gustaba la naturaleza que se veía en esa época, además era más barato y más nuevo. Nuestra casita solo tenía tres años de construida y era de tres niveles con cuatro cuartos y dos baños y medio, era una bendición de Dios y nos sentíamos muy felices.

A los pocos meses fue que recibimos la noticia de que nuestra visa para la residencia permanente ya estaba disponible y que debíamos viajar a El Salvador para ir a la embajada estadounidense a obtenerla, así que hicimos el viaje hacia El Salvador.

Después de cinco años de haber salido, nos sentíamos muy felices de volver a ver a nuestra familia allá y así obtener nuestros papeles legales para vivir en este país sin temor ni preocupación de que nos pudieran deportar. La llegada a San Miguel fue algo que jamás se puede olvidar, ese recibimiento de nuestra familia fue grandioso, y en verdad fue muy diferente la aceptación mía de parte de la familia de mi esposa, era completamente diferente que cuando yo andaba de novio con ella, ya que la preocupación de ellos era qué clase de religión era esa a la que yo pertenecía, y de cómo la iba a tratar como esposa. Todas esas dudas se habían ido completamente de sus mentes al darse cuenta de que habíamos vivido ya cinco años de mucha felicidad y que teníamos nuestros primeros dos hermosos niños, y que jamás habían escuchado una queja de parte de mi esposa; por el contrario, tratábamos de ser una pareja modelo ante los demás en nuestra forma de vivir y obedecer a Dios; aunque, tal como describí al principio de este capítulo, «No todas las cosas salen color de rosa, siempre hay un pelo en la sopa», como dice un dicho que tenemos.

Quiero decir que las cosas en la embajada no fueron del todo agradables, ya que cuando nos presentamos para obtener nuestra visa, la persona que nos atendió nos preguntó dónde estaban los pasaportes visados originalmente antes de partir hacia los Estados Unidos, y le dije que no sabíamos que los necesitaríamos ya que se habían vencido y que habían sido reemplazados por otros nuevos, entonces la persona nos dijo que si no presentábamos esos pasaportes no podíamos obtener la visa. Yo sentía que la tierra me tragaba; sin embargo, recordé que cuando recibimos los nuevos pasaportes, recibimos también los viejos con unos agujeros y recuerdo que un día los estaba viendo y en mi mente pensé echarlos al bote de la basura ya que no eran válidos, pero al mismo tiempo como que una vocecita me inspiró a que los guardara como un recuerdo, pero yo nunca pensé cuál era el propósito de guardarlos y decidí ponerlos en mi archivo en donde guardaba los papeles importantes; de modo que al salir de la embajada lo primero que hice fue llamar a mi hermana Marisela para que fuera a la casa a buscarlos y que me los mandara vía FedEx, así que los encontró y me los mandó. En más o menos tres días ya los teníamos en nuestras manos, fuimos, los presentamos y nos dieron la visa. Nuevamente nos sentíamos sumamente agradecidos con Dios porque una vez más nos había sacado de otro lío y pudimos seguir gozando de nuestras vacaciones con nuestra familia, y aunque ya no estábamos acostumbrados al inmenso calor que hace en nuestra ciudad, disfrutamos ese calor familiar que recibimos durante las dos semanas que estuvimos con ellos. En verdad teníamos que dejarlos otra vez y tanto mis padres como los padres de mi esposa y hermanos quedaban una vez tristes al vernos partir, pero así era la vida, habíamos decidido vivir en el país de las oportunidades y sabíamos que Dios tenía trabajo para nosotros que hacer.

Al regresar de El Salvador ya con nuestra visa, y por supuesto al recibir después la tarjeta verde por correo, nos sentíamos que ya podíamos respirar más profundamente al saber que ya nadie nos sacaría del país por falta de documentos.

Continúe progresando con la compañía General Development Corporation, una de las compañías más grandes de construcción de ciudades y comunidades en el estado de la Florida, tenía 30 años en el mercado y había construido nueve comunidades en el estado, era una compañía muy fuerte y sólida. Al principio solo era un representante tratando de traer clientes a la compañía que quisieran comprar un terreno en una de las nueve comunidades en la Florida, pagarlo a plazo por diez años y luego la compañía les financiaría para la construcción de la casa. Me gustaba mucho lo que hacía ya que también la compañía ofrecía hotel pagado por tres días y dos noches para que la gente fuera a conocer el lugar en donde habían comprado su terreno, de modo que de vez en cuando rentábamos una van de 15 pasajeros y nos íbamos y llevábamos a los clientes y clientes prospectos que querían ver primero para luego comprar. Debido a mi habilidad y talento en las ventas, muy pronto fui promovido para ser un gerente en la compañía y comencé a reclutar nuevos representantes a quienes entrenaba para que encontraran nuevos prospectos interesados en el programa, y en verdad me fascinaba lo que estaba haciendo, a tal grado que me gané tres convenciones por una semana con todos los gastos pagados; la primera fue en San Francisco, California, en donde yo fui solo pues no recuerdo por qué mi esposa no pudo ir; luego a Maui, Hawaii, en donde mi esposa sí me acompañó y la pasamos de maravillas ya que es un lugar precioso; sin embargo, me di cuenta de que era un lugar muy caro, pero que no me tenía que preocupar por ningún gasto ya que la compañía nos proporcionó todos los gastos del viaje. Mi esposa dice que fue en Hawaii que concibió a nuestra tercera hija, Cindy Azucena, quien nació el 22 de septiembre de 1989; era una hermosa niña, tal como los otros niños, y estábamos muy felices de traer a otra hija de nuestro Padre Celestial a este grandioso mundo.

Por mi destreza en las ventas me gané otro viaje a Río de Janeiro, Brasil, pero que desafortunadamente no pudimos ir porque todavía no teníamos los documentos legales en orden y ese viaje era fuera del territorio de los Estados Unidos; podíamos salir, pero no podíamos regresar, así que lo dejamos pasar y se lo dieron a alguien más. Luego fui promovido para llegar a ser un Senior Marketing Manager, o sea que mi trabajo era promover gerentes y entrenarlos, entonces ya tenía salario base más comisiones; sin embargo, con el tiempo sentí la necesidad de sacar mi licencia para vender casas en Virginia. Primero traté de sacar mi licencia para vender seguros de vida, pero al no pasar el examen me desanimé, y al salir del examen me encontré con una señora guatemalteca quien me ofreció apoyo si yo decidía sacar la licencia para vender casas ya que ella tenía una oficina de bróker con la compañía Century 21 en la ciudad de Reston, Virginia; pues me llamó muchísimo la atención esa oportunidad y decidí cambiar el rumbo.

Y Jesús les dijo: Por vuestra incredulidad;
porque de cierto os digo que si tuviereis fe
como un grano de mostaza, diréis a este monte:
Pásate de aquí allá, y se pasará; y nada os
será imposible.

Mateo 17:20

Capítulo 9
Cambio de carrera y mayor responsabilidad eclesiástica

Comencé a estudiar para prepararme para sacar mi licencia para poder vender bienes raíces en el estado de Virginia. Cuando me sometí al examen la primera vez salí decepcionado porque mi puntaje fue sumamente bajo; sin embargo, me seguí preparando para hacerlo una segunda vez y nuevamente lo fallé, aunque había mejorado mi puntaje.

No me di por vencido y decidí intentarlo una vez más; para ser sincero, yo salí de ese examen decepcionado, a mi ver lo había fallado una vez más y entonces no sabía qué iba a hacer; sin embargo, cuando me llegó la respuesta por correo me llevé una gran sorpresa: ¡HABÍA PASADO EL EXAMEN! Yo no lo podía creer y lo primero que pensé fue que Dios me había hecho el milagro porque no tenía ninguna otra explicación, ya había salido del examen con una actitud muy negativa pensando que lo había fallado otra vez.

Este fue el comienzo de una gran carrera. Para haber sido un principiante mis primeros seis meses fueron excelentes, Dios me bendijo al encontrar buenas personas que confiaron en mí a pesar de que era un novato en el negocio, por supuesto que tuve que compartir con mi bróker un 50% de mis comisiones, pues es parte del negocio, cuando eres nuevo tienes que compartir con los que te están entrenando. A los seis meses conocí a una señora que también era agente de bienes raíces quien me dijo que trabajaba para Jack Lawlor Realty y que si me pasaba con ella que me daría un 70% de comisión; pues me pareció atractiva la proposición y fue así que decidí hacer el cambio.

Por otro lado, un día recibí una llamada de un secretario ejecutivo del presidente McQuivey, quien es el presidente de la Estaca de Oakton en la Iglesia, y esta llamada cambiaría mi rumbo eclesiásticamente. Al tener la entrevista con el presidente, me dijo que la estaca estaba organizando una nueva rama hispana en el área de Herndon y Reston y que mi nombre había sido recomendado, y también que en la presidencia habían orado y que sentían que yo debería dirigir la rama como presidente. En esos momentos no sabía qué decir ya que estaba comenzando una nueva carrera, tenía un volcán de deudas y me sentía inseguro sobre si podría hacer un buen trabajo; sin embargo, le pedí que me diera un tiempo para ir al templo, orar y pedir guía y dirección al Señor. Al hacerlo, la respuesta que recibí fue positiva, que debería aceptar ya que venía del Señor y que Él me ayudaría a cumplir con mis responsabilidades. Por supuesto que recibí el apoyo completo de mi esposa, quien confiaba en mí y que me dijo que ella me ayudaría en lo más que pudiera para que yo cumpliera mi llamamiento. Fue así que un 6 de agosto de 1989 se organizó en la Estaca de Oakton la primera rama hispana, a la cual se le llamó Rama ENCINOS. Llamé como consejeros a dos buenos hermanos: al hermano Francisco Walter y al hermano Martiniano Colina, y también llamamos al hermano Carlos Gamarra como secretario de la rama, un buen hermano que en un tiempo fue mi presidente de rama y que estaba dispuesto a ayudar para que esta nueva rama creciera. Al principio éramos como 30 la asistencia cada domingo; sin embargo, cinco años más tarde la asistencia llegó a ser de 130, aproximadamente, cuando fui relevado de este llamamiento en el que aprendí mucho y obtuve un número significativo de experiencias que me hicieron crecer espiritualmente. El apoyo de mi esposa era vital y, como ya teníamos tres niños, también para ella era muy desafiante tener que estar pendiente de los niños y estar sentada sola en las reuniones cada domingo, ya que yo tenía que presidirlas en la iglesia. Yo creo que para poder servir fielmente en un llamamiento de peso como presidente u obispo uno tiene que tener una buena esposa que le ayude y lo apoye ya que se dedica muchas horas en el servicio a los miembros. Estos llamamientos en la Iglesia no son asalariados ya que uno sirve voluntariamente y mantiene su trabajo o negocio normalmente; nadie en la Iglesia recibe dinero por el servicio eclesiástico; sin embargo, las bendiciones del Señor son muy grandes en todo aspecto de nuestras vidas.

Quisiera mencionar algo de mucha importancia que pasó en mayo de 1991. Recibí la noticia que mi padre ya estaba listo para entrar al templo y hacer convenios más altos con Dios, pues había tenido una vida de muchos años como menos activo en la Iglesia, pero que al fin había decidido hacer el cambio que todos esperábamos con mucha ansiedad y por muchos años. Algunas veces yo perdía la fe que sucedería en esta vida ya que no me abrigaba ninguna esperanza al observar la actitud de mi padre; sin embargo, una vez más para Dios no hay nada imposible y que hasta las rocas Él puede ablandar porque ese era el caso de mi padre. Fue así que en la fecha antes mencionada viajamos al Templo de Guatemala y seis de los nueve hijos fuimos sellados a mis padres por todas las eternidades, lo cual significa que, aunque nos separe la

muerte en esta vida, en la otra vida esta-
remos juntos otra vez si somos fieles y
obedientes a las ordenanzas y convenios
hechos en el templo del Señor. Este sellamiento es realizado por una persona auto-
rizada por el Profeta de la Iglesia para se-
llar familias, y fue así que fuimos sellados
para que en la otra vida podamos estar
con nuestros padres en dicha y felicidad.
También mi madre fue sellada a mi padre
por tiempo y para toda la eternidad, este
es un principio y concepto recibido por
revelación moderna a través del Profeta
de la Restauración de La Iglesia de Jesucristo de los Santos de los Últimos Días
llamado José Smith, quien fue asesinado
junto a su hermano Hyrum Smith a sangre
fría en la cárcel de Carthage, Estados Unidos, por decir que había visto en una visión al Padre y al Hijo, y que había sido
llamado para restaurar el Evangelio que
se había perdido hace muchos años con la
muerte de Jesucristo y con la muerte de
los apóstoles. Aun cuando sus enemigos
pensaron que con su muerte el mormo-
nismo allí se esfumaría, no se daban

cuenta de que esta Iglesia estaba dirigida por Jesucristo mismo y que nada ni nadie iba a impedir el progreso de la misma.

La revelación de sellamiento de familias y la construcción de templos en el mundo solo son algunas de las muchas revelaciones modernas que se han recibido. Mi familia y yo hemos sido beneficiados en una manera que no hay descripción al hablar de esos sentimientos tan hermosos, al saber y conocer que la vida no termina con la muerte y que nuestra relación con nuestra familia tampoco se termina con la muerte, sino que es una continuación por todas las eternidades. Por supuesto que para saber estas cosas uno tiene que ejercer una gran fe y pedir con sincera oración a Dios si son verdaderas estas cosas, ya que Él ha prometido que si lo hacemos recibiremos una confirmación de su veracidad.

Ocho meses después de habernos sellado como familia, mi padre falleció el 16 de enero de 1992 en la ciudad de San Salvador, El Salvador, al mediodía, hora en que también el gobierno de El Salvador y la guerrilla salvadoreña estaban firmando la paz después de doce años de guerra civil en la que 75 000 personas perdieron sus vidas, y en la que el país retrocedió muchos años a causa de las destrucciones hechas por personas que quizá no encontraron otro medio más diplomático para sacar las frustraciones de ver las irregularidades que se habían dado en los gobiernos del país por muchos años. De manera que la vida terrenal de mi padre dejó de existir a la misma hora que la guerra civil también terminó, empezando una nueva etapa en las vidas de los salvadoreños.

Definitivamente, esto iba a ser un cambio rotundo y muy difícil para mi madre, quien había vivido por más de 40 años al lado de mi padre, ya que todos sus hijos estábamos independientes en diferentes partes del hemisferio occidental, hasta que al fin, después de que enterramos a mi padre, mi hermana, quien era ciudadana de los Estados Unidos, la pidió y fue así que se vino a vivir con ella y así estar cerca de los que vivíamos aquí, en el estado de Virginia. Esto hizo que ella se sintiera menos triste por la muerte de mi padre y para nosotros era una de las bendiciones más grandes el hecho de tenerla con nosotros tan cerca y poder servirle, y al mismo tiempo gozar de su presencia y que nuestros hijos la llegaran a conocer muy a fondo, ya que su carisma era lo que más la había caracterizado. Si pudiéramos hablar de todas las obras que hizo durante toda su vida, tendríamos que escribir un libro de muchas páginas.

El 30 de diciembre de 1992 nace nuestra tercera niña, Kimberly Belen, una niña muy hermosa de ojos verdes, quien fue una gran alegría para nosotros ya que habíamos tratado antes, pero desafortunadamente mi esposa sufrió como tres pérdidas en la que los doctores nunca nos daban una explicación específica del porqué y era muy frustrante para ambos. Recuerdo que yo quería que naciera antes de que terminara el año ya que tendría un dependiente más para cuando se hicieran los impuestos, así que un día antes me llevé a mi esposa al mall para que caminara a fin de lograr ese objetivo y se logró, claro que para nosotros eso no era lo más importante ya que queríamos tener en nuestros brazos un niño o niña más traído o traída del Cielo y, por cierto, nunca quisimos saber lo que iba a ser, pues nos gustaban las sorpresas. La familia seguía creciendo, mi negocio también estaba creciendo, y mi servicio en la Iglesia era cada vez con mayores responsabilidades por el crecimiento de la misma.

Parecía que nos íbamos a quedar con cuatro niños ya que mi esposa desarrolló una especie de diabetes de embarazo con Kimberly, y el doctor le recomendó que ya no tratara de tener más niños porque corría el peligro de desarrollar la enfermedad permanentemente, y le explicó que era una enfermedad muy peligrosa.

Por un par de años seguimos la recomendación del doctor, pero por alguna razón yo sentía que debíamos intentarlo una vez más, y así fue que el 19 de agosto de 1995 Dios nos bendijo con un hermoso bebe al cual llamamos Carlos Israel. El más feliz era mi hijo Nefi ya que se sentía solo entre tantas mujeres y dijo que ahora ya tenía con quién jugar.

Para mi esposa ya no habría más bebes en la casa, que ya habíamos terminado porque con el embarazo de Carlos ella también tuvo el mismo problema de la subida de azúcar, y ella sentía que deberíamos seguir las recomendaciones del médico.

Yo lo quería aceptar así, pero todavía no estaba conforme y quería otro niño o niña. Tenía mis dudas y oraba para saber si ya deberíamos parar, y no me sentí satisfecho hasta que pasó algo muy interesante.

Un día recibí una carta de la corte de Fairfax en donde se me pedía que sirviera como jurado por una semana. Se trataba de un caso en la que un paciente estaba demandando a un doctor por haberlo operado sabiendo que él tenía diabetes y la operación salió mal. Nunca había servido como jurado en ninguna corte y esta iba a ser mi primera experiencia. Estaba un poco nervioso, así que en el primer día se nos explicó que habían llamado a trece personas para servir, pero que por lo general solo necesitaban a doce, así que ellos nos dijeron que uno de nosotros serviría hasta el jueves, pero que nos darían unos números y había uno que sería eliminado.

Durante esos cuatro días de intenso debate entre los abogados de la defensa y del acusador aprendí muchísimo acerca de la enfermedad de la diabetes, y me asusté muchísimo ya que no tenía idea de lo grave que era y cómo esta enfermedad poco a poco te va dañando los órganos de tu cuerpo, y que si no se controla te puede ocasionar la muerte.

Llegó el día jueves, nos dieron un papelito a cada uno de nosotros y nos dijeron que sería el último día de la persona a quien le saliera el número 5 y que ya no tendría que volver el viernes para el veredicto final. Cuando nos dijeron que abriéramos nuestros papelitos, para mi asombro yo tenía el número 5 y ya no tenía que volver, pero al mismo tiempo lo interpreté, y lo sigo sosteniendo, que Dios me confirmó de una manera muy clara no solo que ya no intentáramos más de seguir con la idea de traer a otro niño a este mundo, sino que me hizo saber la razón. Yo no tengo otra explicación de esta gran experiencia, lo único que puedo decir es que muchas veces recibimos revelación personal por medio de impresiones, y otras veces en una manera muy clara que te deja perplejo cómo nuestro Padre Celestial está pendiente y contesta tus oraciones de una manera muy clara, por lo que le estoy profundamente agradecido por ello.

Los años de la década de los 90 fueron años de algún tipo de dificultad para el país, muchas personas perdieron sus trabajos, algunas personas perdieron sus fondos que tenían para su retiro; sin embargo, el Señor me bendecía con nuevos clientes.

Al principio del año 1995 decidimos mudarnos a una unidad de habla inglesa de la Iglesia, queríamos que nuestros hijos participaran de todos los programas de la Iglesia, y además queríamos aprender y practicar el inglés. Mi esposa no estaba muy de acuerdo; sin embargo, le dije que podíamos regresar a la rama hispana si no nos sentíamos muy confortables. Para mi sorpresa, fui llamado a servir como miembro del Sumo Consejo en la estaca, cosa que me sorprendió grandemente porque consideraba que mi inglés no era suficientemente bueno como para tener semejante responsabilidad, ya que una de mis obligaciones era discursar en diferentes unidades de la estaca, esto era una de las cosas que me atemorizaba porque mi temor era que no me entendieran por mi fuerte acento del inglés; sin embargo, de una manera milagrosa Dios se encargaba de ayudarme a fin de dar el mensaje que tenía que dar, y así por casi seis años cumplí con todas mis responsabilidades.

Una mañana del año 1999, al despertar, me puse a meditar en cuanto qué otra cosa podría yo hacer para aumentar mis ingresos y se me vino en la mente que abrir una tienda latina en Centreville sería una buena idea ya que no había una en toda la ciudad. Le comenté a mi esposa la idea y a ella le pareció una buena idea; sin embargo, necesitaría de un socio porque pensaba que no lo podía hacer solo, pero ¿quién podría ser mi socio? A mi esposa por una parte no le gustaba la idea de la sociedad porque su papá le había enseñado que las medias ni de seda, lo cual significa que él no creía en una sociedad porque era difícil encontrar una persona leal y fiel; sin embargo, yo tenía un cliente a quien le había vendido su casa y había abierto su restaurante y consideraba que esta persona podría ser un buen candidato. Así que ese mismo día le llevé la idea y no más terminé de hacerle saber de la idea, me dijo que buscara el local e hiciera los movimientos necesarios para hacerlo, así que pedimos al banco 50 000 dólares y logramos el objetivo en menos de seis meses. Le pusimos al negocio "Amigos Market", la primera tienda latina en la ciudad de Centreville, Virginia, Estados Unidos. Pero antes de establecer la sociedad le dije a mi socio que habría tres condiciones y que si estaba de acuerdo seguiríamos con el proyecto. Estas fueron las condiciones: primero, que el negocio cerraría los domingos; segundo, no se vendería ninguna sustancia que perjudicaría la salud de nuestros clientes, como alcohol, cervezas, cigarros, etc.; tercero, que se pagarían los impuestos correspondientes al gobierno. Estas condiciones las puse por mis principios religiosos que para mí eran de mucha importancia y no quería violarlos solo por el hecho de hacer un poco más de dinero. Mi socio estuvo de acuerdo, así que procedimos a seguir adelante, y cuando ya todo estaba listo con los permisos correspondientes se abrió el negocio el 14 de enero de 1999. Mi esposa trabajaba en las mañanas hasta las 2:00 de la tarde, ya que tenía que estar en casa cuando los niños llegaran de la escuela.

Esta fue una muy buena aventura y poco a poco fuimos adquiriendo la clientela; sin embargo, a mi socio no le estaban pareciendo bien las condiciones que le puse, de modo que a los tres meses de

haber abierto el negocio me hizo una proposición, y me dijo que me daría 10 000
dólares si me salía de la sociedad y él se
quedaría con el negocio, o que yo se los
diera y que yo me quedara con el negocio;
le dije que lo pensaría y que le contestaría
después. Al llegar a casa le comenté a mi
esposa lo que don Hilario, porque así se
llama, me había propuesto. Mi cuñado
Ariosto estaba en casa ya que vivía con
nosotros y escuchó lo que yo le decía a mi
esposa, y me dijo que él tenía ese dinero,
que lo asociara a él y que quizá esta sería
la oportunidad de su vida, y así fue, le dije
que estaba bien. Fue así que le dimos el
dinero a mi socio, quien se salió de la
sociedad, e incluí a mi cuñado como mi
nuevo socio. La tienda iba poco a poco
prosperando, mi hijo Nefi comenzó a trabajar un medio tiempo después de la
escuela y los sábados, a la edad de 12
años, ya que su deseo era ahorrar suficiente dinero para servir una misión para
el Señor cuando cumpliera 19 años, tal
como yo lo había hecho. Él fue uno de los
mejores cajeros que tenía y me sentía

muy orgulloso de mi hijo. Denise, mi hija mayor, también nos ayudaba de vez en cuando, pero no le gustaba mucho ese tipo de trabajo. Nefi pudo ahorrar el dinero de su misión durante los cuatro años que manejamos el negocio, ya que en el año 2003 mi esposa me dijo que la vendiéramos, que ya no quería seguir más, y como mi negocio de bienes raíces estaba muy bueno decidimos hacerlo, y fue así como le vendí el negocio de regreso a mi exsocio, por supuesto a una cantidad mucho más grande.

Durante el tiempo que manejamos la tienda, también estuve fungiendo como obispo del Barrio Centreville 1 de la Estaca de Centreville. Yo me sentía inadecuado ante este llamamiento porque el inglés es mi segundo idioma. Yo pensaba que en el barrio había mejores personas y más capacitadas para desempeñar esa responsabilidad; sin embargo, a quien el Señor llama prepara y fortalece para que le puedan servir y ayudar a Sus hijos espiritualmente, y aunque fueron muchos

los desafíos, las bendiciones fueron extra-
ordinariamente grandes. Aprendí a amar a
la gente y la gente me amaba a mí, fui
relevado de este llamamiento al mudarnos de área ya que al final del año 2003
habíamos construido una casa nueva en
South Riding, cuya área ya no pertenecía
a la estaca, y tuve que ser relevado de mi
llamamiento de obispo.

En el año 2004 hice algunas transacciones de bienes raíces que sin pensarlo
tan detenidamente no me di cuenta de que
estas iban a afectar mi estabilidad finan-
ciera en el futuro. Por ejemplo, vendimos
una townhouse que ya habíamos terminado de pagar y por la que estábamos
recibiendo entrada de dinero de la familia
que la había alquilado; sin embargo, pensando un poco en querer hacer que el
dinero produjera más decidimos venderla
e invertir el dinero en tres otras propiedades, pensando que de esa manera nos
produciría tres veces más de lo que estaba
hasta el momento produciendo y, aunque
tenía sentido hablando financieramente,
lo que no sabíamos era lo que iba a pasar

en los años venideros próximos. Compramos dos townhouses más modernas y más grandes y un terreno de 5 acres en la ciudad de Haymarket, un lugar muy prestigioso por tener las propiedades de 5 acres o más. Rentamos las dos casas y comenzamos la construcción de la casa nueva en el terreno, lo que nos tomó un año terminarla por las dificultades de los permisos. Y sucedieron otras cosas como, por ejemplo, una persona nos robó 5000 dólares, quien estaba supuesto a limpiar el terreno en donde quedaría la casa asentada, pero que jamás regresó a hacer el trabajo. En el año 2006 se terminó la casa, pero ya el mercado estaba comenzando a deteriorarse y creímos que no la venderíamos y decidimos rentarla, lo cual fue un gran error ya que al final los inquilinos no nos pagaban y el banco nos duplicó el pago, de manera que no nos quedó otra alternativa que venderla en venta corta perdiendo de esa manera todo lo que habíamos invertido en ella.

Al principio de ese año, 2006, la salud de mi madre comenzó a deteriorarse que la teníamos que hospitalizar. Ella tenía problemas con su hígado y parecía que cada día estaba empeorando; sin embargo, como en marzo me pidió que le comprara el pasaje para El Salvador porque quería visitar a sus hijos allá y quizá sentía que era la última vez que lo haría, llamé a mis hermanos que viven en Honduras y les pedí que la fueran a ver allá, ya que debido a su estado de salud ella no podría irlos a ver, y así lo hicieron. Creo que ella se quedó en Santa Ana con mi hermana Suyapa por un mes y luego regresó. Al regresar siguió su tratamiento con su doctor y constantemente teníamos que ingresarla en el hospital porque se le bajaba el amoníaco y se quedaba como dormida, así estuvimos haciendo por varios meses hasta que en noviembre los doctores en el hospital nos dijeron que ya nada se podía hacer por ella y que lo mejor que podíamos hacer era contratar los servicios de una organización llamada Hospice, quienes proveen los servicios médicos en casa, y así lo hicimos. Por alrededor de dos semanas vinieron a atenderla, yo de vez en cuando me ponía a conversar con ella en la mesa del comedor, y en una de esas pláticas le pregunté qué es lo que quería que hiciéramos para su funeral; me dijo que la enterráramos junto a mi papá en San Miguel, El Salvador, y que le pusiéramos mariachis para su entierro. Le prometí que lo haríamos de la manera que ella me lo pidió.

El jueves 16 de noviembre, mi mamá entró en un estado de coma profundo y llamamos a la enfermera para que viniera a ver lo que estaba pasando, ella nos dijo que había entrado en la primera etapa de muerte y que posiblemente no pasaría del fin de semana, así fue como le avisé a toda la familia de la situación a fin de que nos preparáramos para lo peor. Para el sábado en la noche yo tomé la decisión de cancelar todas mis responsabilidades para el domingo en la iglesia y pedí permiso a mi obispo para llevar a cabo una reunión sacramental con mi familia en mi casa, y así fue que mi familia y algunos amigos estuvieron presentes. La reunión la llevamos a cabo alrededor de su cama, aunque ella no estaba despierta. Yo dirigí la reunión sacramental, se repartió la cena y di un discurso relacionado con el plan de salvación de Dios para con Sus hijos aquí en la tierra. No había pasado mucho tiempo desde que terminamos la reunión cuando ella abrió sus ojos y como a manera de despedirse nos volvió a ver a cada uno, entonces expiró. En ese momento, en ese cuarto, se sentía un espíritu tan especial que no se puede describir con palabras, sentimos el consuelo del Espíritu Santo y el testimonio de que ella se había unido a donde mi papá se encontraba. Aun cuando esos momentos son muy dolorosos para el mundo, nosotros por el contrario sentimos una gran paz ya que sabíamos que ella había cumplido la medida de su creación y que ya había llegado el momento de partir y unirse a mi papá, quien había esperado por más de 14 años desde que murió en 1992.

Era la semana de Acción de Gracias y nosotros estábamos haciendo todos los preparativos para llevar el cuerpo de mi madre hacia su último destino terrenal.

Encontramos una muy buena funeraria en la ciudad de Washington, D.C. quienes se encargarían de todo el proceso hasta poner su cuerpo en el aeropuerto Dulles que la llevaría para El Salvador. Así que llevamos un servicio fúnebre el miércoles en la noche en donde yo di un discurso y cantamos himnos y la velamos hasta la 1:00 de la mañana, luego la funeraria llevó su cuerpo al aeropuerto que lo conduciría hacia El Salvador el viernes en la madrugada. El jueves era día de Acción de Gracias, no sabíamos si estar agradecidos o simplemente tristes ya que mi madre estaba sola en el aeropuerto mientras nosotros nos reunimos en mi casa para celebrar ese día tradicional de Acción de Gracias.

El viernes en la madrugada salimos hacia El Salvador, excepto mi hermano Fernando quien no pudo viajar a causa de sus documentos. Allá nos estaba esperando la familia e hicimos todos los arreglos necesarios para velarla toda la noche en la funeraria Guatemala. Su cuerpo llegó como a las 8:00 de la noche, se hizo un pequeño servicio y nos quedamos unos pocos durante toda la noche. El siguiente día era el famoso Carnaval de San Miguel y parece que teníamos que hacer el servicio más temprano por la razón de que las calles las cerrarían a causa del carnaval, y fue así que a las 9:00 de la mañana se llevó a cabo el servicio. Manuelito y yo discursamos y luego salimos a pie para el cementerio, allá nos estaban esperando los mariachis y ellos tocaron algunas de las canciones que a mi mamá le gustaban, luego los miembros cantaron himnos y después su cuerpo fue colocado en el lugar donde mi papá fue enterrado. Había partido una de las mujeres más generosas que jamás yo había conocido, su amor y deseo de servir a los demás era inmensamente grande que solo se puede comparar con el amor de Dios, eso era lo que ella era, una hija especial de aquel que estuvo dispuesto a dar a Su propio Hijo para salvar a los demás. Ella estuvo dispuesta a dar todo lo que tenía a quienes lo necesitaban, sin importar a quién. Su carisma venció toda frontera, obstáculos

y oposiciones porque ella nació para
servir sin importar condiciones. Esa era
mi madre y no tengo duda de que ahora
ella está gozando las bendiciones de sus
servicios aquí en la tierra, ella lo está
gozando junto a sus seres queridos en el
mundo espiritual.

Porque tú creaste mis entrañas; me formaste en
el vientre de mi madre.
Te alabaré, porque asombrosa y
maravillosamente he sido hecho; maravillosas
son tus obras, y mi alma lo sabe muy bien.

Salmos 139:13-14

El Templo de Quetzaltenango,
Guatemala, en octubre de 2018.

Mi esposa y mis amigos Rafael y
Suyapa en Antigua Guatemala en
octubre de 2018.

Mi amigo Michael y su familia en octubre de 2018, a quien enseñé el Evangelio de Jesucristo cuando tenía 13 años en 1981.

Capítulo 10
Mudanza hacia Utah

A fines del año 2007, mi esposa y yo tomamos una decisión que cambiaría de una manera drástica nuestro rumbo, la economía estaba siendo afectada y los negocios estaban en bajada. Motivados por un buen amigo nuestro, quien vivía en Utah, decidimos tomar el chance de mudarnos hacia ese estado, en el cual en esos momentos la economía parecía estar estable.

Así fue que mi esposa y yo, después de orar juntos y recibir la confirmación, pusimos nuestra casa a la renta. Para nuestra sorpresa, en tres días ya teníamos la familia que estaba dispuesta a rentarnos la casa por tres años; sin embargo, por razones que yo no sabía en ese momento, sentí la impresión que debería rentarla solo por dos años y medio, y hasta que pasó ese tiempo supimos las razones.

Logramos encontrar una casa en la ciudad de Lehi e hicimos un contrato por ocho meses. Es un lugar muy bello arriba de la montaña, así que al llegar fuimos recibidos por una tremenda tormenta de nieve; sin embargo, allá nos estaban esperando los buenos miembros de la Iglesia del Barrio de Lehi 38, quienes nos ayudaron a bajar nuestras cosas ya que habíamos contratado un camión de 52 pies.

Éramos unos extraños en una ciudad extraña, pero teníamos unos amigos que nos dieron una cordial bienvenida, en verdad era una aventura muy interesante, nos encontrábamos muy cerca del valle en el que hace más de 100 años el segundo profeta de la Iglesia, llamado Brigham Young, dijo: «Este es el lugar». Yo no estaba seguro de que ese era el lugar para nosotros, pero Dios sí sabía cuáles eran las razones por la que estábamos allí, así que enrolamos a nuestros dos niños menores en la escuela y yo saqué mi licencia de bienes raíces para seguir mi profesión. Ese año fue un año sumamente desafiante, no solo para nosotros, sino para toda la economía de toda la nación, muchos bancos cerraron sus puertas, caían como si fueran gallinas enfermas, era como que cada día uno de ellos cerraba sus puertas, las regulaciones cambiaban cada día, los programas también cambiaban diariamente; por ejemplo, desapareció el programa para compradores con *Tax Id Numbers* (números de identificación para la declaración de impuestos), y aquellos que no tenían papeles en regla en el país ya no podían comprar una vivienda, y en Utah la mayoría de los hispanos son de México. En esas condiciones el mercado se había reducido considerablemente, y aunque comencé a hacer algunas transacciones, no era suficiente para sostener a una familia y a dos misioneros sirviendo misiones para la Iglesia. Aun así, con lo difícil que se miraba todo el panorama económico, mi esposa me motivó para que yo fuera a Brasil a recoger a mi hijo Nefi en junio, quien había terminado una misión honorable en la ciudad llamada Florianópolis, y estuve allá con él por alrededor de tres días. La gente de ese lugar lo quería mucho e hizo un trabajo extraordinario. Luego, al regresar en el mes de julio, todos juntos fuimos a San Diego, California, a recoger a nuestra hija Denise quien también había terminado una misión honorable, y recorrimos algunos de los lugares en que ella sirvió con todo ahínco. Su misión fue algo muy interesante porque al principio tuvo que sufrir la decepción de perder a su prometido, quien decidió casarse con otra persona mientras ella servía en la misión..., ese es alguno de los sacrificios que se tiene que hacer cuando decidimos servirle al Señor en tiempo completo. Muchos misioneros reciben la famosa carta conocida como "Querido Juan". Me pasó a mí; sin embargo, cuando uno está embarcado en el servicio a su semejante es como que se olvida de uno mismo y no le pone mucha atención a lo que está sucediendo en el exterior, es como que Dios le da la fuerza suficiente para aceptar las cosas como deberían ser.

En el verano de 2008, cuando Nefi y Denise se encontraban de regreso, decidimos celebrarle a Kimberly sus 15 años, que es una tradición de los hispanos, y lo hicimos en un lugar muy hermoso arriba en una montaña, y fue una fiesta extraordinaria en donde asistieron muchos de los amigos que hasta el momento habíamos adquirido en Utah, y algunos vinieron desde Virginia.

El año 2009 fue muy interesante. Yo seguía tratando de seguir buscando compradores de bienes raíces, pero las cosas cada día se ponían muy color de hormiga y estaba siempre buscando qué otra cosa podría hacer. Se nos presentó la oportunidad de comprar un restaurante llamado New York Burrito y comenzamos a trabajar en esta nueva aventura. Mi esposa era la que manejaba el restaurante y yo hice una oficina para hacer *taxes* (preparación de la declaración de impuestos) y otros servicios a la comunidad hispana. Volví a intentar sacar la licencia de seguros de vida y salud y esta vez sí logré sacarla, y comencé a ofrecer esos servicios también.

Como el negocio del restaurante no nos estaba yendo bien decidimos venderlo a lo que nos dieran, ya que regalarlo era aún ganancia porque cada tres meses teníamos que poner dinero para que siguiera en pie. Encontramos una pareja mexicana que nos hizo una oferta la cual agarré e hicimos el traspaso. Me sentí tan liviano de esa carga que al siguiente día me fui a nadar toda la mañana para sentirme relajado y contento.

No teníamos ni idea de lo que nos esperaba en el año 2010. Comenzamos el año como de costumbre, con metas y deseos de hacer las cosas bien; sin embargo, ahora yo estaba más enfocado en los seguros de vida y tratando de sostener a mi familia.

Mi hija Denise se había ido a trabajar a Arizona y mi hijo Nefi estaba estudiando en la universidad y trabajando para poder ayudarse económicamente. Era difícil lo que estábamos viviendo con mi hijo menor Carlos, enfermo de anorexia, a quien en una ocasión lo tuvimos que hospitalizar a causa de la enfermedad. En verdad, a pesar de que orábamos en su favor, no mirábamos mucha mejoría. Nuestra hija

Kimberly nos ayudaba mucho, ya que su espíritu dulce nos daba esperanza y por su amor por su hermanito.

En marzo, mientras celebrábamos el cumpleaños número 23 de mi hijo Nefi, en broma le dije que yo me había casado a los 24 años y que él tenía que seguir mi ejemplo; para nuestra sorpresa, como al mes nos trajo a presentar a una joven llamada Mary a quien dijo que amaba y quería casarse, y le pregunté en forma de asombro ¿cuándo? Él me dijo que en agosto, y le pregunté ¿del otro año? No, me dijo, este agosto, y agregó que lo querían hacer en el Templo de Washington, D.C. Mi esposa y yo no podíamos creer lo que estábamos escuchando, una boda en Washington, D.C., en el tiempo de nuestra más severa pobreza. Mi hijo sabía que no estábamos en condiciones financieras para hacer tan grande aventura, lo más difícil era que ni los padres de Mary podían ayudar en nada. No era fácil lo que nos esperaba ya que no pudimos convencerlos de que esperaran un tiempo más adelante, así que no tuvimos otra alternativa que apoyarlos y buscar la manera de hacer los preparativos necesarios. Por supuesto que tuvimos que recurrir a la ayuda de la familia y otras alternativas como, por ejemplo, que la fiesta se realizaría en nuestra casa en Chantilly que ya estaría sola porque los inquilinos terminarían su contrato para el final de julio. La decoración sería hecha por una señora que le habíamos dado un adelanto cuando nuestra hija Denise se iba a casar, pero que luego decidió ir a una misión en lugar de casarse. Uno de los sobrinos de mi esposa es fotógrafo y él sacaría las fotos y así fuimos armando el evento y al final todo salió muy bien. Decidimos quedarnos en Virginia por tres semanas, y en esas semanas aproveché de vender ocho pólizas de seguros y de allí salieron los pasajes de avión.

Al venir al lugar en donde habíamos vivido tantos años, y tener tanta familia y amigos nos hizo reflexionar a tal grado que llegamos a la conclusión que no había una razón específica por lo que estábamos en Utah. Ese calor de la familia y amigos y su insistencia en que regresáramos nos hizo ver las cosas desde otro punto de vista, y cuando regresamos a Utah solo fue para armar el viaje. Compré un camión para poner la mayoría de nuestras cosas, mi hermano Lito y mi cuñado Carlos viajaron para ayudarme a manejar el camión y el carro, mi esposa y mis dos niños menores viajaron en avión. Para el primero de septiembre de 2010 ya habíamos llegado a Virginia, y al llegar en la noche de ese día, si no me equivoco, nos dieron la noticia de la muerte de mi suegra, la Nina Chabelita como le decíamos de cariño. Yo no pude viajar, pero mi esposa sí, quedando solo con los niños para poner todas las cosas en orden por alrededor de diez días. La casa sin mi esposa era un caos y en verdad no sé ni cómo pudimos sobrevivir.

Nos esperaba un nuevo comienzo, yo me llevé la sorpresa de que mi licencia de bienes raíces todavía la tenía activa, pero por alguna razón todavía no me sentía tan seguro de dedicarme al *real estate* otra vez, así que decidí dedicarme más a la venta de seguros de vida con la misma compañía que representaba en Utah. Había pasado dos años y medio y todo parecía que había sido un largo sueño y que ahora estábamos volviendo a una realidad muy dura en la que casi todo lo que había logrado financieramente en más de 25 años se había esfumado con la crisis económica que estábamos viviendo.

Estábamos tratando de modificar el préstamo de la casa para ver si el banco nos hacía una modificación con los intereses y reducir el pago mensual, y todavía conservábamos una townhouse en Centreville, en donde teníamos muy buenos inquilinos por muchos años. Sin embargo, nuestras esperanzas fueron en vano y, finalmente, después de cuatro rechazos por los inversionistas de Wells Fargo, que desconocíamos quiénes eran, tuvimos que tomar la decisión de poner la casa a la venta en venta corta por la razón de deber más de lo que valía. Esa era nuestra realidad y muy rápidamente se encontró el comprador, que por cierto era de la India, pues en nuestra comunidad viven muchas personas de ese gran país. Definitivamente no había otra salida y ya para noviembre nosotros estábamos mudándonos a nuestro nuevo hogar en el viejo hogar de Centreville.

Solo hay dos maneras de vivir tu vida. Una es como si nada fuera un milagro. La otra es como si todo fuera un milagro.

Albert Einstein

Capítulo 11
Múltiples infartos cardiacos

Era jueves 13 de diciembre de 2012, parecía un día común y corriente como cualquier otro día de mi existencia; sin embargo, jamás me imaginé que este día iban a ocurrir las cosas que relataré más adelante. En la mañana, y esto sí me recuerdo haber hecho, le pedí a mi esposa que me acompañara a mi oficina de New York Life en Reston, Virginia, para que me ayudara a poner mis archivos en orden ya que me harían una auditoría para la próxima semana y quería todo en su debido orden, y así fue como ella me acompañó. Recuerdo haber estado allá un par de horas, pero no recuerdo lo que hice después, no recuerdo nada de lo que fueron los próximos 18 días de mi vida.

Después de que salimos de la oficina en Reston, mi esposa y yo nos dirigimos a reunirnos con una señora, amiga de mi hermano Fernando, quien quería que le diera la oportunidad de trabajar conmigo haciéndome llamadas a los clientes, todo lo demás fue y será relatado por lo que pasaron mi esposa, mi hija mayor Denise, mi hijo menor Carlos y el misionero Elder Arthur Wilson de acuerdo a sus propias palabras...

Testimonio de mi esposa, Demis

El jueves 13 de diciembre de 2012 todo parecía haber amanecido tranquilo, José estuvo haciendo pagos y después de la cena le habló a su hermano Fernando para ir a la capilla a jugar fútbol con otros hermanos y amigos, lo cual no fue de mi agrado, pues con su historia de presión alta no era una buena idea, pero se fue contento porque iba a divertirse, yo me quedé con Carlitos, mi hijo menor, en casa.

Eran quizá las 8:45 de la noche cuando recibí la llamada de mi cuñado Fernando para decirme que José había sufrido un infarto y que lo estaban llevando en ambulancia hacia el hospital. En ese momento me quedé atónita y le dije a Carlitos que no me acompañara porque su ansiedad era muy intensa, el cual no podía salir a interactuar con el público y mucho menos visitar un hospital, y se quedó solo y triste. Yo no me sentía bien de manejar, pero no me quedaba ninguna otra opción. Durante mi camino llamé a mis hijos Denise, Cindy, Nefi y Kimberly para darles la noticia y, por supuesto, estaban muy impactados por la noticia.

Al llegar al hospital me encontré con algunos hermanos de la Iglesia en la sala de espera y pregunté si sabían de la condición de mi esposo, y me dijeron que al llegar al hospital había sufrido otro infarto y que estaban tratando de estabilizarlo, fue allí en donde me entristecí más ya que según los doctores su condición era sumamente seria. Luego llegaron Denise y Alex, su esposo, quienes también fueron a recoger a nuestra hija Cindy a Arlington, luego llegó mi cuñada Marisela, mi cuñado Lito y su esposa Betty.

Pasaron las horas y como a las 2:00 de la mañana lo llevaron a Cuidados Intensivos; los doctores nos dijeron que no creían que amaneciera vivo. Para mí fue muy difícil asimilar esa noticia, pero el presidente de la rama en la iglesia, el presidente John González, me dio una bendición del sacerdocio y luego salió para mi casa a recoger a mi hijo Carlitos ya que no había esperanza de que sobreviviera y queríamos que no estuviera solo en casa y viniera para estar juntos en esos momentos tan difíciles para toda la familia. Todos mis otros hijos inmediatamente compraron sus vuelos de emergencia para estar aquí conmigo y darme fuerza y valor ante lo inesperado, y amigos y hermanos de la Iglesia llegaron a apoyarnos. Uno de nuestros buenos vecinos, José Meléndez, nos hizo el favor de ir a recoger a Kimberly y a Nefi y su familia hasta el aeropuerto de Baltimore, y muchas otras personas estaban allí dándonos aliento y esperanzas, a quienes estaré eternamente agradecida.

Fue muy difícil para mis hijos ver a su papá postrado en una cama rodeado de una cantidad de máquinas y mangueras que lo estaban sosteniendo con vida, y además su cuerpo fue puesto en un estado de congelación para proteger los órganos. Estuvo así como tres días y luego empezaron a descongelarlo y tratar de despertarlo, pero él no respondía y fue entonces que nos dijeron que él estaba viviendo por las máquinas y que si teníamos que hacer arreglos para el funeral que este era el momento de comenzar; entonces les dije que no teníamos nada que preparar y que teníamos confianza que él estaría bien. El doctor nos dijo que lo desconectáramos, y la manera en que lo dijo no me gustó para nada, de modo que no di el consentimiento para que lo hicieran.

Mientras seguíamos esperando, su hermano Manuel llegó de El Salvador. En verdad, su llegada fue de gran alivio para todos pues él nos daba mucha esperanza, fe y confianza. Él también le dio otra bendición, y cuando terminó nos dijo con toda certeza que él se pondría bien. Sus palabras me quedaron grabadas en mi mente que me ayudó de gran confortamiento tanto emocional como espiritual. También su tía Vidalia, quien le tiene un gran cariño, vino desde Boston a acompañarnos y a cuidarlo también.

Después de una semana, cuando todos pensábamos que se iba a mejorar, le dio neumonía, entonces nuestros ánimos y esperanzas se desvanecieron otra vez ante este panorama tan difícil. Estábamos en esta preocupación y llamamos a un amigo y hermano de la Iglesia, el Dr. Wolfe, quien es un especialista en los pulmones, para que viniera a verlo y nos diera su opinión al respecto; claro, como no era su doctor seguramente no iban a dejar que lo hiciera, pero afortunadamente teníamos enfermeras muy amables y cariñosas que le permitieron que lo examinara y, efectivamente, confirmó que sus pulmones se veían muy mal y dijo que solo un milagro le podía permitir vivir.

Otra vez los doctores reunieron a toda nuestra familia para hacernos saber que ya no había nada que hacer. La doctora nos explicó que no había más que se pudiera hacer, que su chance de sobrevivencia era uno en un millón y si sobrevivía iba a quedar como vegetal y sería completamente dependiente por el resto de su vida hasta que muriera, que esa situación iba a ser muy difícil para toda la familia y que debíamos desconectar las máquinas que lo sostenían; sin embargo, yo no me daba por vencida y le dije que no lo íbamos a hacer. Los doctores respetaron mi decisión.

Pasaron unos días y José comenzó a mover los pies y cuando se le hablaba se le salían las lágrimas, especialmente cuando le cantaban música de la iglesia. Sus hijos menores le cantaban y también los misioneros llegaban y le cantaban al oído. Como saben, los misioneros jugaron un papel muy importante para que él sobreviviera ya que fueron los que lo asistieron mientras llegaban los paramédicos. Estos misioneros Elder Wilson y Elder Scott llegaban casi todos los días al hospital, fueron unos ángeles enviados por el Señor.

Llegó Navidad y nosotros seguíamos esperando que despertara como el milagro de Navidad. En la Noche Buena y el día de la Navidad recibimos las visitas de mucha familia, hermanos de la Iglesia y amigos para estar con nosotros, demostrando de esta manera la verdadera razón por la que celebramos la Navidad y el verdadero amor de Cristo. La sala de espera en el hospital estaba siempre muy llena y el salón lleno de mucha comida, fue una muestra increíble de apoyo y amor para nosotros que no nos hizo falta nada, por el contrario, fuimos muy bendecidos.

Llegó el 31 de diciembre y estábamos todos reunidos esperando que finalizara el año, teníamos el televisor encendido en el cuarto donde tenían a mi esposo y estábamos viendo un programa especial de fin de año, y Juan Gabriel, un artista muy reconocido por todos los hispanos, estaba cantando y fue entonces cuando José despertó y nos preguntó dónde estábamos y por qué él estaba en ese lugar. Le explicamos lo que había pasado ya que él no recordaba nada, y nos dijo que no quería estar ahí y que por qué no nos íbamos para la casa a terminar de ver el programa.

A medida que iba despertando más se comenzó a poner ansioso, desesperado y quería quitarse los tubos y guías que tenía puesto, y frecuentemente lo tenían que sedar para controlarlo y tranquilizarlo. En una ocasión él le dijo al doctor que quería irse para la casa, y el doctor le dijo que estaba bien, pero que tenía que pasar por un proceso y entonces le dijeron que se pusiera de pie para ver si podía caminar, pero no pudo ni pararse siquiera. Le quitaron la máquina por donde respiraba para ver si podía hacerlo por sí mismo y tampoco lo pudo hacer, sus pulmones estaban muy débiles y no estaban respondiendo y que al salir del hospital tenía que irse a un lugar en donde le darían la terapia necesaria para que pudiera fortalecerse físicamente, y también creían que quizá iba a tener que depender de máquinas para respirar y para ello lo tenían que mandar a otro lugar como a dos horas de camino para que lo ayudaran. Esa noticia nos impactó muchísimo porque no queríamos eso para él, además que estaría lejos de nuestra casa, así que empezamos a darle más terapia haciendo algunos ejercicios con unas maquinitas, y unos días antes de que lo llevaran, le hicieron unas pruebas y se dieron cuenta de que había mejorado, así que decidieron mandarlo a un centro de rehabilitación en South Riding. Era un lugar muy profesional y había gente muy amable y muy buena que le ayudó a caminar y a hablar de nuevo. Después de unas semanas regresó a casa, pero sus terapias continuaron pues las terapistas llegaban a casa hasta que el milagro completo se dio. Recuerdo que los doctores en el hospital lo llamaban el milagro de Navidad.

Yo quiero concluir diciendo que sí fue un milagro de Navidad, y desde lo más profundo de mi ser quiero agradecer a mi Padre Celestial por ese milagro de tener a mi esposo conmigo; agradecer a mis hijos por estar día y noche al lado de su papá, pues nunca estuvo solo, ni un solo día, durante los días que estuvo en el hospital que fueron aproximadamente un mes, y como tres semanas en el lugar de recuperación;

agradecer a sus hermanos, hermanas y cuñadas; a mi familia, quienes estuvieron con nosotros todos los días; a mis hermanos y amigos en la fe, por las innumerables oraciones que se ofrecieron a favor de mi esposo, tanto locales como en varios países del mundo; y a todo ese maravilloso personal que lo atendió en el hospital: doctores, enfermeras y asistentes, quienes jugaron un importante papel en su recuperación. Les doy las gracias de todo corazón, los quiero y les estaré eternamente agradecida.

Actualizaciones de mi hija Denise en las redes sociales

Diciembre 14

Todos quienes creen en Dios y el poder que Él tiene para mover montañas, por favor oren con toda su fuerza y fe para que mi papá regrese a nosotros… No debe ser tu tiempo todavía… Su corazón le ha fallado y está en un coma médico. ¡En estos momentos él necesita todas las oraciones que pueda recibir!

"Y Cristo ha dicho: Si tenéis fe en mí, tendréis poder para hacer cualquier cosa que me sea conveniente".

"Porque es por la fe que se obran milagros; y es por la fe que aparecen ángeles y ejercen su ministerio a favor de los hombres".
(Moroni 7:33,37)

Diciembre 15

Mi papá ha estado en un coma médico por los últimos dos días y medio, tienen su cuerpo a una temperatura muy baja y tratando de mantenerlo lo suficientemente estable para volver a tener su cuerpo a una temperatura normal. Alrededor de las 6:30 p.m. del día de hoy mi papá ha empezado a mover sus cejas, arrugando su frente, tratando de abrir sus ojos y moviendo la cabeza atrás y adelante. Las enfermeras dijeron que cuando lo asearon notaron que sus dedos, piernas y brazos se movieron ligeramente. Esto es grandioso porque los doctores y las enfermeras pensaron que lo más probable sería que no se pudiera mover debido a que quizá había tenido un daño cerebral severo. El hecho de que se esté moviendo ligeramente o respondiendo al tacto es un milagro. Mi papá todavía tiene mucho que hacer, él todavía no está a salvo, pero está luchando por dentro, por lo que solamente necesitamos mantener nuestra fe. Gracias a todos por sus oraciones. Por ahora no están permitiendo que lo visiten, exceptuando los miembros de su familia, para evitar que se emocione mucho… ¡Pero muchas gracias a quienes han venido!

Cuando mi papá vino al hospital el jueves por la noche, nos dijeron que no iba a sobrevivir la noche, que su corazón no iba a lograrlo. El doctor nos dijo que solamente un milagro podría hacer que pasara la noche. Cuando llegó las 6:00 a.m., que fue el tiempo en que el doctor consideró imposible que mi papá lograra alcanzar, todos sabíamos que nuestras oraciones estaban siendo respondidas lentamente. Mi papá todavía sigue sin responder y tiene sondas que lo mantienen vivo en estos momentos, pero no está peor. Su ritmo cardiaco estuvo sumamente alto y su presión sanguínea realmente muy baja, y ahora, dos días y medio después, están normales y estables. Los doctores esperan que para el domingo mi papá responda y se mueva, lo que indicaría que su cerebro está bien, pero en eso es donde el milagro necesita actuar, su cerebro necesita estar bien para que mi papá viva. Si no hay una reacción con su cerebro hacia el cuerpo entonces no será posible que sobreviva. Por favor, sigan orando, eso funcionará… ¡Tiene que funcionar! Mi padre es mi héroe, y le dije a Alex cuando salíamos juntos que planeaba casarme con un hombre como mi papá porque él es el mejor ejemplo de un fiel poseedor del sacerdocio, un gran trabajador y un padre amoroso… Yo necesito que mis hijos conozcan a su abuelo y vean cuán maravilloso es… ¡Papá, yo no me voy a rendir!

Diciembre 16

Esta mañana fui a ver a mi papá y el doctor y la enfermera estaban allí chequeando si él podía entender lo que le preguntaban para que se moviera. Ellos empezaron pidiéndole que moviera sus dedos y piernas y él pudo hacerlo, y su rostro estuvo muy lindo porque estuvo arrugando la frente y tratando de abrir los ojos. Luego le pidieron que mueva sus brazos y lo hizo con cierta dificultad, pero fue capaz de responder y entender. Cuando el doctor y la enfermera salieron del cuarto, yo estuve sola con él y le dije que era un papá maravilloso y me hizo una pequeña mueca… Estoy tan agradecida de que el Señor esté escuchando nuestras oraciones…

Esta es una larga travesía que nosotros enfrentaremos, pero vale la pena luchar por cualquier cosa que valga la pena tener. Uno no se da cuenta de la importancia de respirar hasta que uno ve a alguien que no puede hacerlo por sí mismo. He aprendido tanto y no puedo esperar de ver a mi papá capaz de respirar sin todas las sondas que tiene encima… Un día a la vez… ¡Yo creo en milagros!

P.D. Ahora solamente nos permiten verlo a los familiares cercanos porque necesitan que mi papá esté calmado. ¡Gracias otra vez por sus oraciones y visitas, significan mucho para nosotros!

Diciembre 17

Mi papá está prácticamente en la misma condición que ayer. Las mejorías son que él ya no está usando la bomba para controlar su presión sanguínea y ahora su corazón palpita por sí mismo. Dos máquinas fuera y pocas más por irse, pero eso es progreso. No puedo esperar por el día en que él pueda respirar por sí mismo. La única cosa es que su cuerpo tiembla a veces como si tuviera frío, pero nos han dicho que eso pasará, por lo que oro para que eso suceda… ¡Cada día es una bendición!

Diciembre 18

A mi papá le han hecho muchas cosas hoy día: le han sacado dos sondas de su pierna, y le han puesto una sonda intravenosa en su brazo, también le han sacado otra máquina, todavía no puede respirar por sí mismo lo que está causando que este proceso sea un poco más lento, pero lo bueno es que está tratando de respirar, pero todavía no con suficiente fuerza. También le han hecho un *CT scan* para ver cómo está su cuerpo, y lo único que le han encontrado es que tiene una costilla fracturada, y nos han dicho que eso es normal cuando recibes una buena resucitación cardiopulmonar. Está siendo muy difícil ver a mi papá porque tiene mucho dolor, su rostro lo demuestra y se mueve como si su cuerpo y su garganta le dolieran, y encima de eso todavía tiene fiebre. Estoy rezando para que mi papá no sienta mucho dolor porque es muy triste ver que no podemos hacer nada más hasta que pueda respirar por su propia cuenta... Te amo papá y no puedo esperar a ver tus progresos el día de mañana. ¡Cada día tú sigues luchando y eso mantiene fuerte mi fe!

¡Queridos amigos, por favor sigan orando porque mi papá lo necesita! ¡Gracias!

Diciembre 19

Mi papá está prácticamente igual que

ayer, la fiebre ha bajado a 99.5 de haber estado en 103.1, lo que es bueno. Él está moviendo lentamente sus brazos y piernas un poco más, pero sigue durmiendo la mayor parte del tiempo y cuando se despierta empieza a limpiar su garganta y eso le duele. No puedo imaginar qué es lo que se siente tener una sonda del tamaño de un dedo en la garganta todo el día. ¡Todavía no sabemos cuánto tiempo demorará para que se recupere, pero mi papá nos muestra que está luchando por su vida cada día! ¡Muchas gracias por todas sus oraciones!

La gente nos ha estado preguntando qué puede hacer para ayudarnos. Además de sus oraciones diarias para mi papá, lo que es lo más importante para nosotros, nos hemos dado cuenta de que la comida del hospital y pizza es lo que tendremos por un buen tiempo. Mi papá todavía no puede recibir visitas, pero nosotros estamos con él todo el día… ¡Si alguien desea traer algunos bocaditos o comida y visitarnos será algo que apreciaremos muchísimo!

Diciembre 20

Hoy mi papá pasó la mayor parte del día durmiendo porque ahora, cuando está despierto, tiene mucho dolor y tose demasiado, así que prefiero verlo dormir en este punto y lentamente verlo mejorar. Le tomaron una radiografía hoy para ver si su cuello está bien y salió bien, así que le quitaron la abrazadera, pero le hicieron un corte profundo en la barbilla. ¡Pero al menos ya le quitaron la abrazadera! El médico nos dijo que en la próxima semana mi papá se someterá a un pequeño procedimiento en su corazón para ayudarlo y luego, cuando esté mejor, se podrá someter a otro procedimiento más intenso en el hospital de Fairfax. Hasta ahora está bastante estable, solo necesitamos ser pacientes y saber que esta carrera no es una carrera corta, ¡es una maratón para su vida! ¡Gracias por todas las oraciones y por tenernos siempre en sus mentes y corazones! ¡Ah, y gracias por la comida que está ayudando también!

Diciembre 21

Mi papá ha estado durmiendo todo el día, lo que evita que tenga tos y así se recuperará por dentro lentamente. Él sigue con fiebre y no están seguros todavía cómo reaccionará a la transfusión de sangre, pero todos tenemos esperanza después de que mi esposo y mi tío le dieran una bendición.

"La verdadera fe trae milagros, visiones, sueños, curaciones y todos los dones de Dios que Él da a Sus santos. Por la fe uno obtiene una remisión de los pecados y eventualmente puede morar en la presencia de Dios. Una falta de fe te lleva a la desesperación, que se debe a la iniquidad".
(Moroni 10:22)

Mi papá está a punto de recibir una transfusión de sangre porque su sangre no está en el nivel donde debe estar para ayudarlo a recuperarse... Este es otro riesgo para él... Entonces, si todos pueden tomar un momento hoy y orar por mi papá para que se resuelva sin problemas, eso sería grandioso, y así esta transfusión lo ayudará a recuperarse más rápido y más saludable. ¡El Señor es tan poderoso! ¡Sé que Él escucha todas nuestras oraciones!

Diciembre 22

Mi papá ha sido sedado todo el día porque cuando está despierto él pone mucho esfuerzo sobre sus pulmones. La enfermera dijo que sus pulmones están realmente débiles y tienen líquido en ellos, y que no podrá respirar por su cuenta hasta que sus pulmones sanen… ¡Ahora mis oraciones son para que los pulmones de mi papá sanen bien y fuertes como el resto de su cuerpo!

"Porque si no hay fe entre los hijos de los hombres, Dios no puede hacer ningún milagro entre ellos; por tanto, no se mostró sino hasta después de su fe".
(Ether 12:12)

Diciembre 23

Víspera de Navidad, Navidad y Año Nuevo, todos estos días en el hospital este año… Me pregunto ¿qué servirán?

Mi papá ha estado igual en los últimos pocos días. Él está respirando un poco mejor que antes, la máquina sigue haciendo mucho del trabajo, pero está bien..., él necesita curarse. ¡No puedo esperar a estar con él mañana otra vez!

"Y él saldrá, sufriendo dolores, aflicciones y tentaciones de todas clases; y esto para que se cumpla la palabra que dice: Tomará sobre sí los dolores y las enfermedades de su pueblo".

"Y tomará sobre sí la muerte, para soltar las ligaduras de la muerte que sujetan a su pueblo; y sus enfermedades tomará él sobre sí, para que sus entrañas sean llenas de misericordia, según la carne, a fin de que según la carne sepa cómo socorrer a los de su pueblo, de acuerdo con las enfermedades de ellos".
(Alma 7:11-12)

Diciembre 24

En el hospital con mi maravilloso e increíble padre... ¡Muy felices de poder pasar toda la noche juntos en familia!

Diciembre 26

Los últimos días han estado llenos de sentimientos variados, hemos reído y llorado juntos y mucho más entre todo eso. Mi papá ahora tiene neumonía y dos coágulos sanguíneos, uno en su brazo derecho y el otro en su pulmón. Es impactante por todo lo que mi papá está pasando, pero está estable: el ritmo cardiaco, la presión sanguínea y su reparación están bien. Él todavía tiene la máquina que lo ayuda a respirar y mañana le pondrán un tubo a través de su garganta porque los que tiene en su boca tienen dos semanas y no es seguro tenerlos por tanto tiempo. Hoy día le han puesto una sonda de alimentación en su estómago, y están asegurándose de que todo esté funcionando. Esto es mucho en tan solo dos semanas, pero mi papá lucha y yo sé que es suficientemente fuerte. Gracias por las visitas y la comida y, más importante, por sus oraciones. ¡Mi mamá se ha puesto enferma y necesita estar fuerte, por favor sigan orando!

𝔇icie𝔪bre 27

Hoy ha sido un mejor día para mi papá. Le han cambiado la sonda de respiración por un orificio en su garganta que él prefiere a los tubos en su boca porque no lo hacen vomitar. Nosotros preferimos eso también porque podemos ver su rostro completo y él luce más a como es él mismo. Incluso con su barba de sal y pimienta es muy gracioso verlo tratando de hacer diferentes expresiones faciales. Él sonríe tres veces y arruga sus labios mientras mi mamá le habla. Los doctores están un poco preocupados por su función cerebral y mañana le van a hacer una imagen de resonancia magnética para ver qué pasa ahí arriba. Tenemos esperanzas de que él volverá a ser el mismo un día. Es un milagro que él haya llegado tan lejos y que haya traído tanta gente al redil y continúa haciéndolo ahora. ¡Yo sé que cuando se sienta mejor su testimonio va a ser espectacular! Mantengan sus oraciones porque él necesita sanar sus coágulos sanguíneos, la neumonía y su cerebro. ¡Parece demasiado, pero sabemos que el Señor lo puede todo!

Diciembre 29

Los milagros se hacen realidad, mi papá ha estado sin sedantes por todo el día. Entré al cuarto con Kim y vimos a nuestras tías conversando con mi papá como si él fuera un bebe. Vi su rostro y pude notar que él estaba muy lúcido y entonces Kim y yo comenzamos a hacerle preguntas y fue capaz de respondernos diciendo sí o no, y comenzó a hablar con sus labios. Él preguntó cómo había llegado ahí y le conté toda la historia y rió y lloró…, fue un gran momento. Nos dimos cuenta de que recordaba muchas cosas, pero no todas, como el no recordar que me casé y no recordar a mi esposo Alex. Pero sí recordó a Carlos queriendo regresar a la iglesia y eso fue aproximadamente una o dos semanas antes de su ataque al corazón. Nosotros sabemos que si ha recordado todo esto, entonces todo va a llegar a él. El Señor es grandioso y responde a las oraciones de quienes tenemos fe en Él, y estamos eternamente agradecidos por este gran regalo… Gracias a todos por todo lo que han hecho y por sus oraciones para nosotros… Mi papá prácticamente nos ha dicho que quiere regresar a casa, eso quiere decir que él no ha cambiado nada, riendo y sonriendo por todo este tiempo difícil… ¡Somos tan felices!

Diciembre 30

Hoy día mi papá ha estado tratando de hablar más con su tubo de respiración traqueal, lo que no es lo mejor porque no queremos que se esfuerce demasiado al hablar mucho. Es gracioso porque las enfermeras que lo han tratado durante semanas, al verlo normal se han sorprendido por lo gracioso y activo que es. Ellas finalmente están conociendo a mi papá y eso me hace muy feliz. Lo que es difícil es que él quiere tomar agua desesperadamente y siempre nos pregunta y a las enfermeras también para que le demos un vaso o una botella de agua, pero desafortunadamente él no puede tomar todavía mientras tenga el tubo de respiración traqueal en su garganta, y no puedo esperar por el momento en que pueda hacerlo.

Mi papá sigue realmente enfermo, incluso

en su cerebro, y sigue luchando contra dos coágulos sanguíneos, dos arterias bloqueadas en su corazón y la neumonía en sus pulmones, pero él lo ha logrado hasta ahora y El Señor lo llevará por lo que falta. Mañana le van a abrir una arteria bloqueada y le harán algo para remover cualquier coágulo que tenga. ¡Esto es mucho en un día, pero estoy orando para lo mejor mañana! ¡Gracias por todo y continúen orando!

Enero 4

Mi papá es el milagro de Navidad del hospital, todos están muy sorprendidos de cómo él ha sido capaz de salir de esto. Él todavía tiene dos arterias bloqueadas que van a ser tratadas más adelante. Mi papá dice que se siente como un hombre nuevo. Él va a salir de ese lugar en pocos días y lo más probable es que irá a un centro de terapia física. Él está planeando una fiesta para todos quienes vinieron a visitarlo y que oraron por él. ¡Mi papá no ha cambiado!

Enero 8

¡Mi papá está listo para correr!

Testimonio de mi hijo Carlos

La palabra «Amén» resonó a través de las paredes del espacioso sótano amueblado por Ikea. Sonreí con optimismo ya que había sentido que este era un nuevo comienzo para mí. Le agradecí al presidente de la rama, el presidente González, por venir a mi sótano para verme. Esta era una manera poco convencional, pero necesaria, de reunirme con él porque sufro de una ansiedad crónica. Pero esta historia no se trata de mi ansiedad, sino de algo completamente diferente.

Todo se sintió bien en mi vida por primera vez en años. Mi relación con mis padres no podría haber sido mejor. Estaba estudiando regularmente una carrera en el diseño de interiores. Finalmente, encontré mi testimonio que no existía desde hace años. Me sentí en la cima de los mundos y pude conquistar todo lo que se cruzó en mi camino. Poco sabía el frío del lunes por la noche que mi vida cambiaría en solo tres días. Ahora que el jueves fue un jueves típico, me levanté, me preparé para el día y subí las escaleras para trabajar en mi trabajo universitario mientras mamá cocinaba en la cocina. Vamos a avanzar un poco más tarde esa noche. Me sentía creativo esa noche y había una camisa de mezclilla con un estampado navajo en los hombros que ya no llevaba puesto. Decidí convertirlo en un chaleco porque sentí que se usaría más de esa manera. Cuando estaba a punto de comenzar ese proyecto, escuché unos pasos que bajaban por las escaleras. Rápidamente vuelvo la cabeza desde mi proyecto para ver verde brillante y amarillo. Era la camiseta de Jersey de mi papá de Brasil. Orgullosamente mostró su camiseta y su gorra para jugar. Bailó un poco y actuó absolutamente chistoso. La habitación estaba llena de risas y felicidad. Entonces mi mamá muy rápidamente le preguntó: «¿A dónde vas? ¿Por qué estás vestido tan deportivo?». Ahora que mi papá no era del tipo atlético, sino que era hombre de negocios desde que tengo memoria. Él respondió con una gran sonrisa: «¡Voy a jugar fútbol en la iglesia con otros miembros de la iglesia!». La expresión de mi madre se desvaneció de la felicidad al terror. Su energía era tensa e inquietante. Ella le dijo: «No vas a ir. Tu corazón no puede soportar un deporte de tanta energía». Mi padre y yo nos reímos al pensar que ella solo estaba siendo una esposa preocupada. Mi papá le explicó que ya había invitado a su hermano a venir con él y que nada saldría mal. Ella le dijo que tuviera cuidado y que no jugara demasiado. Mi papá le aseguró que estaría bien y la besó, y luego vino y me besó en la frente. Continué con mi proyecto sin pensar en las dramáticas súplicas de mi madre para que mi padre se quedara en casa. La tensión de mi mamá nunca se fue. Ella estaba envolviendo regalos de Navidad mientras yo sacaba las mangas de mi camisa. Ella siguió diciéndome: «Algo está mal, algo está mal». Le aseguré que solo estaba siendo paranoica. Mi padre había estado fuera por una hora y su iPhone comenzó a sonar. Me dice antes de responder: «Algo le pasó a tu padre». Ella contestó el teléfono y la expresión de su rostro reafirmó que su premonición no era solo una preocupación ilógica, sino que de hecho era real. La mano de mi madre comenzó a temblar y su cara estaba atónita por el miedo. Le pregunté qué pasó. Ella me respondió: «Tu padre fue llevado a un hospital en Manassas». Le pedí detalles, pero ella no me dio ninguno. Agarró las llaves de su auto y rápidamente me preguntó si quería ir al hospital. Al conocer mi ansiedad y mi odio por los hospitales, me negué y le dije que si algo grave había sucedido trataría de reunir la fuerza para ir. Todavía en estado de shock, salió corriendo por la puerta. Pensando que mi madre solo estaba siendo dramática y pensando que mi papá sufrió una lesión menor, continué con la fabricación de mi camisa en un chaleco. Finalmente terminé mi creación y me sentí muy orgulloso de ella. Empecé a ver TV de bienes inútiles. Los minutos se convirtieron en horas y me pregunté por qué mi mamá y mi papá no habían llegado a casa. Recuerdo que había descargado una aplicación de mensajes de texto gratis en mi Nook Tablet. Rápidamente agarré mi Nook y le envié un mensaje de texto. Ella respondió, pero yo no sabía que esta aplicación solo me mostraba las primeras diez palabras de un texto. Comencé a tratar de reconstruir lo que estaba tratando de decirme. Esto es cuando comencé a preocuparme seriamente. Mis hermanos trataron de enviarme un mensaje de texto desde la tableta, pero los textos incompletos hicieron que mi ansiedad aumentara cada vez más. Pude ver las palabras *"Cardiac"* y "No conocemos los detalles". Supuse que tal vez tenía un ataque al corazón. Mientras estaba sumido en mis pensamientos, escuché una voz que gritaba mi nombre. Estaba en el sótano y grité: «¿Hola? ¡Estoy aquí en el sótano!». Era el presidente González. Me dijo que había venido porque mi madre quería que él me recogiera para llevarme al hospital. Le dije que me prepararía y me uniría con él arriba para ir al hospital. Su automóvil tenía "olor a automóvil nuevo". Comenzó a hablarme y sentí que mi cuerpo se tambaleaba. Sabía que algo terrible había sucedido. Procedió a contarme una historia. Era "Una parábola de la inmortalidad" de Henry Van Dyke: «Estoy parado a la orilla del mar. Una embarcación a mi lado extiende sus velas blancas a la brisa de la mañana y se dirige hacia el océano azul. Ella es un objeto de belleza y fuerza, y me levanto y observo hasta que finalmente se cuelga como una nube blanca en donde el mar y el cielo se encuentran para mezclarse entre ellos. Entonces alguien a mi lado dice: '¡Ahí va!' ¿A dónde se fue? Ha desaparecido de mi vista, eso es todo. Ella es tan grande en mástil y casco como lo era cuando se fue de mi lado y tan capaz de llevar su carga de carga viva a los lugares de destino. Su diminuto tamaño está en mí, no en ella. Y justo en el momento en que alguien a mi lado dice: '¡Ahí va!', hay otros ojos que la ven venir, y otras voces listas para tomar el alegre grito: '¡Aquí viene!'».

Me explicó que solo porque mi padre pasaría de esta vida no significa que dejó de existir, sino que la gente en el mundo espiritual disfrutaría de su presencia. Me aseguró que esto sería solo una separación temporal. Sentí que no podía respirar y sentí que mi cuerpo se tambaleaba. Mi ansiedad se volvió difícil de soportar en este punto. Finalmente llegamos al hospital. Sentí como que me temblaban las piernas y me sentí tembloroso. Estaba tan asustado que ni siquiera pensé que estábamos en un hospital público. Un guardia de seguridad del hospital nos acompañó a la parte del hospital donde estaba mi padre. Vi a lo lejos dos puertas grandes y vi a algunos de los miembros de mi familia sentados afuera en el piso. Caminé hacia ellos y rápidamente me deslicé por la pared hasta el piso para unirme a ellos. Mis hermanas Cindy y Denise luego procedieron a hablar conmigo. Les pregunté qué le había pasado. Me dijeron que tuvo un ataque al corazón mientras jugaba fútbol en la iglesia. Que no sabían todos los detalles, pero que él estaba en condición crítica. Pacientemente esperamos fuera de las puertas de la Unidad de Cuidados Intensivos. Fuimos a la sala de espera justo al lado de las grandes puertas para esperar lo que los médicos tenían que decir. Mi memoria, naturalmente, siempre trata de olvidar las experiencias traumáticas, así que si lo siguiente no funciona o parece que me estoy salteando partes es solo porque mi mente me ha permitido recordar solo todo lo que escribo. Lo que recuerdo a continuación es que salió un médico preguntando si éramos la familia Flores. Le dijimos que sí éramos, y él nos dijo que si queríamos hacer arreglos para el funeral ahora sería un buen momento para hacerlo. Nos dijo que casi no había posibilidad de que mi padre viviera porque tenía una posibilidad de un millón de supervivencia. Dijo que tomaría un milagro e incluso entonces probablemente sería un vegetal. Todos estábamos absolutamente devastados. No podía creer que una persona que estaba tan llena de vida y energía ese mismo día estuviera al borde de la muerte. Pensé en el viaje que mi papá, mi mamá y yo hicimos a las montañas. Nos habíamos llevado a nuestros perros Max y Eevee con nosotros.

Pensé en ese estado de alegría en el que estaba. Sentí que el universo finalmente estaba en línea. Había pasado menos de una semana desde entonces. Sabía que esto no podría terminar de esta manera, que había mucho más que mi padre podía ofrecerle al mundo y tanto conocimiento que él podía compartir conmigo. Nadie más podría hablarme sobre la doctrina del Evangelio durante horas y horas como pudo. No podría estar perdiendo a uno de mis mejores amigos. A medida que el aire estéril y seco del hospital me llenaba las fosas nasales, me preguntaba sobre los diferentes resultados de esta situación. Traté de mantener una mentalidad positiva, pero al ser humano no pude evitar pensar en las palabras del médico. Lo catalogamos como el doctor de la muerte. Aunque esta era una situación horrible, todavía teníamos espacio para una broma o dos. No había visto a mi padre hasta el día siguiente. Mis nervios estaban fuera de lugar y no pude reunir el valor para ir a verlo. Finalmente, cuando lo hice, estaba en estado de shock. Estaba conectado a tantos tubos y cables diferentes y su rostro se veía tan diferente de lo que recordaba. Vi a mi madre y tomé asiento al lado de ella. Se sentía como si hubiera pasado años desde que la había visto. Su rostro parecía inocente y triste como el de un niño. Ella me dijo: «Si tu padre no lo logra, debes saber que tienes que ser el poseedor del sacerdocio de la casa y debes ser fuerte para los dos». Asentí con la cabeza y pensé en cómo había cambiado la vida, rápido, en solo un instante. A pesar de que parecía derrotada, siempre tenía ese atisbo de esperanza de que todo saldría bien. Su fe era grande y sabía que confiaba en la fortaleza del Señor.

Mientras miraba a mi madre angustiada y a mi padre en estado de coma, pensé en cómo podría Dios permitir que esto sucediera. Pensé en todas las personas con matrimonios en dificultades donde las parejas parecían no tener amor entre ellas, y en las parejas que no valoraban su matrimonio y terminaron divorciadas. Me preguntaba, ¿por qué ellos? Tuvieron un matrimonio de amor y comprensión puros.

Tuvieron un matrimonio que yo aspiraba a tener.

Mi padre continuó en coma durante dos semanas y media, no solo tuvo cuatro ataques cardiacos, sino que también en el hospital estuvo congelado por un tiempo y también desarrolló una neumonía que también puede matarte. Tomamos todo día por día. En algunos días fuimos recibidos por buenas noticias y otros días recibidos por malas noticias. La fe de mi familia parecía crecer cada día que mi papá estaba en coma. Nos sentimos optimistas de que mi padre vuelva a nosotros y sea la influencia positiva que conocemos en él. Aunque los médicos continuarían diciéndole que probablemente sería un vegetal o que tendría retraso mental, sabíamos que el Señor tenía poder sobre todo y que podía curar todo. Pasamos Navidad en el hospital. Esto me deprimió especialmente porque había ido con mi mamá y mi papá a buscar el árbol de Navidad perfecto. Luego decoramos la casa y nos dijimos: «Esta va a ser la mejor Navidad de todos los tiempos». Los regalos permanecieron bajo el árbol sin abrir y la visión de la Navidad perfecta se desvaneció rápidamente. Pensé para mí mismo que tal vez se despertará y será un milagro navideño.

El milagro de Navidad no sucedió, pero sentí el espíritu fuerte cuando fui a la habitación de mi papá en el hospital con mi hermana Kimberly y comencé a cantar himnos de la Iglesia. Las lágrimas corrieron por nuestros rostros cuando sentimos algo profundo en nuestros corazones que nos aseguraba que nuestro Padre en el Cielo nos estaba cuidando. No obtuvimos un milagro de Navidad, pero sí obtuvimos un milagro de Año Nuevo. Esa víspera de Año Nuevo mi papá había recuperado la conciencia. No podía hablar por el tubo de alimentación que tenía en la garganta, pero se alegró de vernos a todos. Se turnaba para abrazarnos a todos mientras las lágrimas corrían por sus mejillas. Él quería irse del hospital cuando se despertó. Él quería pasar la noche de Año Nuevo en casa. Sabíamos que eso era imposible debido a su condición crítica, así que encendimos el televisor a Univisión. Tuvieron un especial de Año Nuevo con Juan Gabriel, un famoso cantante latino que disfrutaba la madre de mi papá. Vimos este especial de Año Nuevo con él que parecía durar años. La gratitud llenó mi corazón esa noche. El optimismo llenó la habitación. Todos agradecimos a nuestro Padre en el Cielo en humilde oración.

Las próximas semanas mi papá comenzó a mejorar milagrosamente. Le dieron un entrenador de voz para ayudarlo a recuperar su capacidad de hablar. También se le dio un fisioterapeuta para ayudarlo a recuperar su capacidad de caminar. Admiré su firme creencia de que él volvería a la normalidad. Su fe era fuerte y sabía que él podría convertirse y hacer lo que fuera que él decidiera. Mi padre se convirtió en la personificación de la frase "El hombre se convierte en lo que piensa". En un soleado día de febrero, mi padre finalmente llegó a casa con nosotros. Aunque debilitado físicamente por los cuatro ataques al corazón que tuvo, su fuerza espiritual fue más fuerte que nunca. Nuestro hogar se llenó con el dulce sonido de la canción espiritual y la alabanza a Dios. Los médicos quedaron atónitos por lo rápido que pudo volver a la normalidad. Mi padre fue un milagro en la vida de mi familia, en la vida de los médicos y en otras vidas. Tranquilizó mi creencia de que con Dios todo es posible. También entiendo que Dios usa personas para bendecir a Sus hijos.

La noche de los ataques cardiacos, en la cancha de básquetbol había dos misioneros de tiempo completo: el Elder Wilson y el Elder Scott. Mientras que el Elder Wilson realizaba los primeros auxilios a mi padre, el Elder Scott daba una bendición mientras llegaban los paramédicos. En el hospital, mi padre tuvo tres ataques cardiacos más y uno de los médicos nos dijo más tarde que a las 2:00 a.m. estaban tratando de rescatarlo del último, dijo que normalmente lo intentan durante unos 20 minutos, y si el paciente no responde, lo dejan ir; sin embargo, sintieron la impresión de que deberían continuar durante un total de 40 minutos hasta que pudieran estabilizarlo.

Mi padre también recibió otra poderosa bendición del sacerdocio de parte de mi tío Manuel, que vino de El Salvador apenas un par de días después del incidente; esa bendición también hizo que la familia se sintiera segura de que mi padre podría sobrevivir. También personas de todas partes, en diversas ciudades de muchos países y de las diferentes religiones estaban orando y ayunando en nombre de mi padre. Todos los días el hospital estaba lleno de familiares, amigos y miembros de la Iglesia que demostraron amor y preocupación.

Una vez más, Dios le ha demostrado al mundo que Él es quien decide el día y la hora en que uno de Sus hijos debe abandonar este mundo y pasar al otro lado del velo. Mi padre, por una razón que solo Dios sabe, debe estar entre nosotros por lo que estoy tan agradecido.

Testimonio del misionero Elder Arthur Wilson

Lo que voy a contar son los acontecimientos, según mi memoria, de la noche
en donde José tuvo el ataque de corazón
y algunos días después mientras estuvo
en coma y cuando se despertó.

Era un jueves en Manassas. Todos los
jueves, los miembros del barrio jugaban
fútbol con los misioneros y sus investigadores, pero aquel jueves, en vez de jugar
todo el tiempo, como normalmente lo hacía, tenía que practicar una canción de
Navidad que iba a cantar el próximo día
en la fiesta de Navidad de los misioneros.
Estaba en el salón sacramental en el piano
cantando. Creo que salí para tomar agua
y conocí a José en el corredor. Platicamos
un poco y él me dijo que siempre quería
aprender a cantar ópera. Recuerdo diciéndole algo como que todas las personas
pueden cantar. Después seguí practicando
un poco y al terminar fui para jugar un
poco de fútbol antes de que terminara la
noche. Al principio jugamos normal, José
estaba jugando con los misioneros, los
miembros y los investigadores. Tuvimos
un buen número de hombres. Estaba al

este de la cancha de básquetbol donde jugaba José, él tenía la pelota y estaba protegiéndola de los otros hombres, de repente parecía que se tropezó sobre la pelota y se calló al piso. Al principio no pensaba yo nada en la caída hasta que los otros hombres empezaron a levantarlo. Al intentar levantarlo, vi los ojos de José enrollados hacia atrás. En aquel momento sabía que algo estaba mal. Los hombres trataron de levantarlo otra vez, pero les dije que lo dejaran en el piso.

Todos preguntaron qué paso y empezaron a ponerse en pánico. Les dije que se calmaran y que me dejaran analizar la situación. Al evaluar a José, me di cuenta de que no estaba respirando. Para entonces alguien ya había llamado al 911. Puse el teléfono sobre el estómago de José y le expliqué a la respondedora de emergencia todo lo que había sucedido. Ella me instruía a empezar a darle primeros auxilios. Después de hacer la reanimación cardiopulmonar por un tiempo, nada estaba pasando, pero lo seguí haciendo. De repente un poco de aire salió de la boca de José, pero no era como respiración. Se lo dije a la señora en el teléfono y ella me preguntó si ya empezó a respirar. Le dije que no, pero de todos modos seguí dándole primeros auxilios. Me di cuenta de que la mandíbula de José estaba cerrada prensando la lengua, y el pasaje de aire estaba obstruido.

Un joven que se llamaba Elvis estaba de pie a mi lado, pero todas las otras personas ya se habían ido. Le dije a Elvis que tomara mi lugar en seguir con los primeros auxilios, y que yo iba a abrir la boca con la mano. Lo instruí a hacer los primeros auxilios y con mucha fuerza abrí la boca y traté de mantener la boca abierta al agarrar la lengua para desatascar el pasaje de aire para dejar entrar el oxígeno. Mientras todo esto estaba ocurriendo, el Elder Scott vino y le dio a José una bendición de salud. Los paramédicos llegaron después de lo que se sintió como veinte minutos. Ellos quitaron su ropa y empezaron a hacer los primeros auxilios, pero mis manos todavía estaban manteniendo

abierta la boca. Después de un instante tomaron control de la situación y me quedé
al lado de todo. Estaba yo respirando bien
fuerte y de repente me sentí bien mareado
y como que iba a desmayarme. Me senté
en el suelo y puse los pies elevados sobre
una silla. Recuerdo que la cara la sentía
bien rara, como que no sentía nada.

Los paramédicos llevaron a José al
hospital y los seguimos por auto. Al llegar al hospital nos sentamos en la sala de
entrada a esperar por alguna palabra. Al
sentarnos allí, había una mujer anciana al
otro lado de la sala llorando muy fuerte y
la otra mujer menor a su lado estaba igno-
rándola. Me sentí bien mal por la mujer
llorando y solo quería consolarla, pero estaba enfocado en lo que pasó con José. El
hermano de Félix Martínez estaba sentado a mi lado y él me susurró que vaya
yo para consolarla. Pues fui y me senté a
su lado, y pregunté a la mujer menor lo
que pasó. Ella me dijo que falleció su
mamá. La regla de la misión era de que
no abracemos a las mujeres, pero en aquel
momento no me importaba. Abracé a la

mujer y empecé a consolarla y solo le decía que todo iba estar bien. La abracé hasta que se calmó.

Luego el hermano de José salió y nos llevó con él a un cuarto para esperar al doctor. Todos estaban preocupados, pero por una razón me sentí muy claro de mente. El doctor entró y nos dijo que el corazón de José se había parado tres veces al llegar al hospital. Nos dijeron que querían operar, pero no sabían si su cuerpo lo sostendría. También estaban hablando de ponerlo en coma para proteger el corazón y ayudarlo a sanarse. El presidente de la rama llegó y nos dijo que los misioneros deberíamos irnos a la casa.

Recuerdo arrodillándome aquella noche al lado de mi cama a orar y pedí al Señor si José iba estar bien. Paz entró a mi corazón y sabía que iba estar bien. No vi a José en el hospital hasta el sábado siguiente mientras todavía estaba en un coma inducido. Era el trabajo del Señor que estaba allí, recuerdo pensando eso, pero las impresiones siguieron viniendo. José estuvo en mi mente el viernes hasta que lo vi en el hospital. Al llegar al hospital, no tenía la expectativa de que escucharía mi nombre gritado en el corredor. El hombre que gritó mi nombre era el esposo de la hija de José, Alex. En el principio de mi misión estaba en el área de Herndon. Alex apenas había regresado de su misión y salió con nosotros muchas veces. Casi me había olvidado de Alex, y no pensaba que se acordaría de mí, pero me había recordado. Me abrazó bien fuerte en el corredor para mi sorpresa. Ellos en aquel tiempo habían escuchado todo el acontecimiento, pero lo dije otra vez al conocer a toda la familia. Recuerdo sintiéndome muy emocionado al ver a todos, y también quería saber el estado de José y verlo. Entre los días del incidente y el tiempo de ir al hospital me acordé de un cantante mormón que usa el cantar como herramienta para ayudar a las personas a salir de un coma y quería tratarlo.

Cuando era mi tiempo de verlo, recuerdo que nos ponían una ropa especial porque el hospital tenía una infección de SARS o MIRSA, pero no me importaba.

José estaba en la cama cubierto de lo que parecieron globos; era para mantener la temperatura del cuerpo baja. Todavía estaba bajo el coma, pero la enfermera me preguntó si yo era la persona que efectuó los primeros auxilios y le dije que sí, y ella me informó que le rompí tres costillas a José. Me sentí mal, pero si no rompes una costilla no estás haciéndolo bien. Al verlo, no parecía que estaba allí, pero quería ver si pudiera ayudarlo al cantar. Al cantar un himno en el oído de José vi las cejas moverse. ¡Fue una gran sorpresa!

Después de aquella visita solo vi a José una vez más en el hospital y estaba despierto. Era un milagro verlo allí sentado en la cama hablando, pero era así. Nos hablamos un poco, describí lo que había sucedido y le canté un himno. Un poco después me cambiaron del área y salí para otro lugar.

Fue un milagro lo que sucedió en Manassas, y estoy muy agradecido de que el Señor me puso allí para ayudarlo, no solo para ayudar en salvar su vida, sino también para conocer a toda la gente. Hace algunos años fui para visitar a todos de la misión, y aprendí que el Señor me puso allí para que la familia de José me ayudara a mí en un tiempo muy difícil, no solo para ayudar al Señor a salvarle la vida.

Aprendí que he de vivir la vida considerando
que cada día también puede ser el último de las
personas que amo.

Vanessa Aguilar

Epílogo

Personalmente, me parece que aun esta obra es un milagro porque jamás pensé que pudiera hacer algo semejante, ya que yo solo soy una persona común y corriente con sueños sin realizarse, pero con una gran fe y esperanza que este sea uno realizado con el propósito de inspirar a otros a saber que en verdad todo se puede lograr en esta vida con un poco de paciencia y perseverancia.

En la mayoría de mis experiencias convertidas en milagros, y hasta el día de hoy, 17 de octubre de 2018, no han dejado de ocurrir, como el hecho que la semana que acaba de pasar realicé un viaje junto a mi esposa a los lugares en los que hace más de 36 años estuve como misionero en Quetzaltenango y Momostenango y sus aldeas en Guatemala. Viajamos con la esperanza de encontrar a alguien que me recordara, y más que nada quería que mi esposa tuviera una idea de los lugares tan remotos en donde estuve y conociera a algunas de las personas más amables, sinceras y amorosas que he conocido en mi vida. El viaje fue fabuloso y espléndido, y se cumplió el objetivo con grandes satisfacciones. Un ejemplo digno de resaltar es que encontré a la persona que lavó la ropa y le dio de comer a los misioneros durante 32 años, quien ahora tiene 72 años de edad con 30 nietos y 10 bisnietos. Su nombre es Margarita y sigue viviendo en la misma casa en que la conocí, en una aldea llamada Santa Ana, departamento de Totonicapán, y además tuve el privilegio de ver y conocer a algunos de sus nietos y bisnietos.

Finalmente, deseo transmitirles a mis hijos, a mis nietos y a mi futura descendencia, que tengan confianza y fe de que en esta vida podemos salir adelante ante las diferentes adversidades que se nos presentan, pero que se pueden afrontar con mayor facilidad con la mano poderosa de aquel Ser que nos dio la vida, el cual es nuestro Padre Eterno, y mediante la expiación infinita de Su Hijo Jesucristo, quien voluntariamente dio Su vida por cada

uno de nosotros, y que mediante Sus enseñanzas y milagros nos invita a tomar
conciencia de que un día podremos alcanzar la meta de la vida eterna en Su presencia y en presencia de nuestros seres queridos en dicha y felicidad.

No somos seres humanos teniendo una
experiencia espiritual,
somos seres espirituales teniendo una
experiencia humana.

Pierre Teilhard de Chardin
Filósofo francés

Mi esposa y yo con Margarita en
Santa Ana, Momostenango, en
octubre de 2018.

Vestidos como nativos guatemaltecos
con mi esposa y nuestros amigos
Rafael y Suyapa en octubre de 2018.

Mi esposa y yo con nuestros hijos
cuando eran adolescentes en
Navidad de 2003.

Junto a mi familia en
Noche Buena de 2018.

1 Y ahora hablo también concerniente a aquellos que no creen en Cristo.

2 He aquí, ¿creeréis en el día de vuestra visitación —he aquí, cuando venga el Señor, sí, ese gran día cuando la tierra se plegará como un rollo, y los elementos se derretirán con ardiente calor, sí, ese gran día en que seréis llevados para comparecer ante el Cordero de Dios— diréis entonces que no hay Dios?

3 ¿Seguiréis entonces negando al Cristo, o podréis mirar al Cordero de Dios? ¿Suponéis que moraréis con él, estando consciente de vuestra culpa? ¿Suponéis que podríais ser felices morando con ese santo Ser, mientras atormentara vuestras almas una sensación de culpa de haber siempre violado sus leyes?

4 He aquí, os digo que seríais más desdichados, morando en la presencia de un Dios santo y justo, con la conciencia de vuestra impureza ante él, que si vivierais con las almas condenadas en el infierno.

5 Porque he aquí, cuando se os haga ver vuestra desnudez delante de Dios, y también la gloria de Dios y la santidad de Jesucristo, ello encenderá una llama de fuego inextinguible en vosotros.

6 Volveos, pues, oh incrédulos, volveos al Señor; clamad fervientemente al Padre en el nombre de Jesús, para que quizá se os halle sin

mancha, puros, hermosos y blancos, en aquel grande y postrer día, habiendo sido purificados por la sangre del Cordero.

7 Y también os hablo a vosotros que negáis las revelaciones de Dios y decís que ya han cesado, que no hay revelaciones, ni profecías, ni dones, ni sanidades, ni hablar en lenguas, ni la interpretación de lenguas.

8 He aquí, os digo que aquel que niega estas cosas no conoce el evangelio de Cristo; sí, no ha leído las Escrituras; y si las ha leído, no las comprende.

9 Pues, ¿no leemos que Dios es el mismo ayer, hoy y para siempre, y que en él no hay variación ni sombra de cambio?

10 Ahora bien, si os habéis imaginado a un dios que varía, y en quien hay sombra de cambio, entonces os habéis imaginado a un dios que no es un Dios de milagros.

11 Mas he aquí, yo os mostraré a un Dios de milagros, sí, el Dios de Abraham, y el Dios de Isaac, y el Dios de Jacob; y es ese mismo Dios que creó los cielos y la tierra, y todas las cosas que hay en ellos.

12 He aquí, él creó a Adán, y por Adán vino la caída del hombre. Y por causa de la caída del hombre, vino Jesucristo, sí, el Padre y el Hijo; y a causa de Jesucristo vino la redención del hombre.

13 Y a causa de la redención del hombre, que vino por Jesucristo, son llevados de vuelta a la presencia del Señor; sí, en esto son redimidos todos los hombres, porque la muerte de Cristo hace efectiva la resurrección, la cual lleva a cabo una redención de un sueño eterno, del cual todos los hombres despertarán, por el poder de Dios cuando suene la trompeta; y saldrán, pequeños así como grandes, y todos comparecerán ante su tribunal, redimidos y libres de esta ligadura eterna de la muerte, la cual es una muerte temporal.

14 Y entonces viene el juicio del Santo sobre ellos; y entonces viene el momento en que el que es impuro continuará siendo impuro; y el que es justo continuará siendo justo; el que es feliz permanecerá feliz y el que es infeliz será infeliz todavía.

15 Y ahora bien, a todos vosotros que os habéis imaginado a un dios que no puede hacer milagros, quisiera preguntaros: ¿Han pasado ya todas estas cosas de que he hablado? ¿Ha llegado ya el fin? He aquí, os digo que no; y Dios no ha cesado de ser un Dios de milagros.

16 He aquí, ¿no son maravillosas a nuestros ojos las cosas que Dios ha hecho? Sí, y, ¿quién puede comprender las maravillosas obras de Dios?

17 ¿Quién dirá que no fue un milagro que por

su palabra existan los cielos y la tierra; que por el poder de su palabra el hombre haya sido creado del polvo de la tierra, y que por el poder de su palabra se hayan verificado milagros?

18 ¿Y quién dirá que Jesucristo no obró muchos grandes milagros? Y hubo muchos grandes milagros que se efectuaron por mano de los apóstoles.

19 Y si entonces se hicieron milagros, ¿por qué ha dejado Dios de ser un Dios de milagros, y sigue siendo todavía un Ser inmutable? Y he aquí, os digo que él no cambia; si así fuese, dejaría de ser Dios; y él no cesa de ser Dios, y es un Dios de milagros.

20 Y el motivo por el cual cesa de obrar milagros entre los hijos de los hombres es porque ellos degeneran en la incredulidad, y se apartan de la vía correcta, y desconocen al Dios en quien debían poner su confianza.

21 He aquí, os digo que quien crea en Cristo, sin dudar nada, cuanto pida al Padre en el nombre de Cristo, le será concedido; y esta promesa es para todos, aun hasta los extremos de la tierra.

22 Porque he aquí, así dijo Jesucristo, el Hijo de Dios, a sus discípulos que iban a permanecer, sí, y también a todos sus discípulos, a oídos de la multitud: Id por todo el mundo, y predicad el evangelio a toda criatura;

23 y el que creyere y fuere bautizado, será salvo; mas el que no creyere, será condenado;

24 y estas señales seguirán a los que crean: En mi nombre echarán fuera demonios; hablarán nuevas lenguas; alzarán serpientes, y si bebieren cosa mortífera, no los dañará; pondrán sus manos sobre los enfermos, y ellos sanarán;

25 y a quien crea en mi nombre, sin dudar nada, yo le confirmaré todas mis palabras, aun hasta los extremos de la tierra.

El Libro de Mormón

Mormón 9:1-25

Made in the USA
Middletown, DE
07 December 2022

17051066R00146